Plaidoyer
(impossible)
pour les socialistes

Bernard Maris

Plaidoyer (impossible) pour les socialistes

Albin Michel

À Alexandre Montariol
À mon père
À la section SFIO de Muret (Haute-Garonne)

Et pour toi, Sylvie

PROLOGUE

Laissons les gestionnaires enterrer les gestionnaires

« Tout homme est solidaire. »
Maurice Genevoix

Aimons-nous le capitalisme ? Il faut croire que les socialistes l'aiment, puisqu'ils s'emploient à le sauver de la crise, du chômage, de la faible croissance, et même du prix de l'essence… Nous fûmes, nous sommes encore socialistes. Nous rêvons encore.

À l'origine, les socialistes promettaient le rêve communiste. Mais depuis longtemps[1], nous nous doutons que ce socialisme est une galéjade mystique, une sorte de rachat des humiliés et des offensés, promis au paradis terrestre par des illuminés qui n'eurent guère à envier aux fanatiques qui allumèrent les foyers des guerres de Religion et les bûchers de Torquemada. À ces *plaisantins* d'un christianisme laïque, mais qui ne rigolaient pas sur le bonheur à venir, on doit quelques millions de morts et pas mal de larmes.

Encore en 1981, on entendait « Changer la vie ». « Le changement », redit François Hollande en 2012. C'est

1. Depuis la lecture de *La Confusion des langues* d'Alain Besançon, Calmann-Lévy, 1978.

vague. « N'oublions pas la part du rêve », murmura un peu tristement Jean-Marc Ayrault avant de s'attaquer au concret (le budget), et l'on comprend la tristesse d'un homme issu du catholicisme social.

Dont acte. C'est fini. Désormais les socialistes sont des gestionnaires. Pourquoi pas ? Comptable est un métier comme un autre.

Mais je voudrais comprendre ceci : pourquoi le socialisme qui représenta un immense rêve ne représente plus rien, si ce n'est un vague projet pour sortir du déficit budgétaire ? Pourquoi ne représente-t-il rien, alors que son père, le capitalisme, de la cuisse duquel il est issu armé et casqué, a encore un bel avenir ? Morbide peut-être, délétère, malsain, malade sans doute, mais un avenir. Capitalisme reste un mot dense de sens, et socialisme est vide.

Car le capitalisme existe. Et il existe une classe « capitaliste », de propriétaires, de dominants, classe plus ou moins vague et plus ou moins inconsciente à tout le moins, ou, si elle est consciente, d'un cynisme qu'un cerveau moyen a des difficultés à intégrer ; alors disons qu'elle est « inconsciente », qu'elle n'est pas une « classe » au sens des marxistes. Néanmoins elle existe. Pépé Dassault l'avionneur, Lévy le publicitaire, Margerie le marchand de pétrole, Ghosn le délocaliseur, d'autres, sont des capitalistes, avec des idées simples, brutales, efficaces, comme toutes les idées simples. Dassault voudrait interdire la grève, Lévy couvrir de publicités Notre-Dame de Paris, et Margerie faire sortir du pétrole sous la Concorde s'il le pouvait. Je ne crois évidemment pas à la lutte des classes, à tort sans doute, puisque le milliardaire Warren Buffett (30 milliards de dollars) pense l'avoir gagnée avec quelques compères. En tout cas je ne crois pas, et là je suis formel, à l'existence d'une « classe ouvrière », encore moins à une classe ouvrière « consciente ». Qu'on parle du peuple, des ouvriers, des prolétaires, de la foule anonyme ou sympathique, de la populace grossière, des gens de peu comme dirait Sansot[1], des spectateurs du Tour de France, des citoyens, des humbles, des sans-grade, des supporters de l'OM, pourquoi pas des « Français » tant qu'on y est, de tout ce qu'on veut, mais certainement pas de la « classe ouvrière ».

Je voudrais comprendre aussi ceci : pourquoi ce peuple se fout du socialisme comme de sa première carte de chômeur ?

Nous qui n'aimons pas le capitalisme, il faut comprendre pourquoi le socialisme s'est vidé de son sens, même s'il survit une forme pure, un contenu sans contenant, un concept éthéré et vaguement ectoplasmique, une bulle qui ne demande qu'à éclater – et qui nous fait frissonner encore, cependant. D'où vient ce mot, que traîne-t-il comme une comète disparue ? Que s'est-il passé ? Ou plutôt, où sont passés Fourier, Proudhon, Jaurès, Blum, tant d'autres ? Et Marx d'ailleurs ? Malgré ses prières[2], il reste le plus grand économiste de tous les temps, sa théorie de la plus-value est sublime, ses pages sur l'aliénation et le fétichisme de la marchandise n'ont pas une tache, celles sur l'argent et la finance sont d'une actualité à faire rougir les spéculateurs et griller les ordinateurs qui les remplacent de plus en plus efficacement, comme

1. Pierre Sansot, *Les Gens de peu*, PUF, 2002.

2. *Marx, ô Marx, pourquoi m'as-tu abandonné ?*, Éditions Les Échappés, 2010, et Champs Flammarion, 2012.

toute machine est destinée à remplacer les métiers les plus imbéciles. Il reste la description du capitalisme, pas plus (pas moins).

Je veux comprendre. Et pour ça, je propose une promenade dans le magasin des antiquités socialistes, dans le bric-à-brac de la pensée socialiste, dans ce marché aux puces de la générosité, de la fraternité, du bonheur terrestre aimablement fourni par des milliers de penseurs avec leurs échoppes et leurs bibelots à quatre sous ou de grande valeur.

Je veux comprendre pourquoi le socialisme sorti du ventre du capitalisme sauvage, et qui a prétendu à sa disparition, y a replongé les deux mains en avant. Il est retourné dans l'économie qu'il avait pour vocation de quitter. Le socialisme d'origine n'avait rien à voir avec l'économie, la gestion, la planification, la redistribution, les marchés, l'esprit d'entreprise, la compétitivité et le reste, ce qu'avaient clamé ici ou là Fourier, Jaurès, et d'autres, ainsi que des penseurs originaux comme Keynes. Le socialisme n'est pas dans l'économie. Est-il ailleurs, ou nulle part, comme toute utopie ? C'est ce qu'il faut élucider.

On dira : un pays où près de la moitié de la richesse nationale, chaque année, est socialisée par l'impôt, avant d'être redistribuée aux uns et aux autres, est, économiquement parlant, socialiste. Combien de fois ai-je entendu : « Oh, la France, c'est un pays de l'Est qui marche ! » Non. Même si la France n'est plus un pays de capitalisme sauvage, la classe « capitaliste » le dirige – on l'a vu avec l'attitude des banquiers pendant la crise. L'accumulation, l'enrichissement, les inégalités ne sont remises en cause par aucun dirigeant. Les sociaux-démocrates sont là pour tempérer des appétits, modérer les inégalités, surveiller un peu le partage du gâteau, et rendre la plus grosse part au capital quand il faut, comme en Allemagne avec Schröder. Surtout l'idéal capitaliste de Max Weber n'a absolument pas changé : travailler, accumuler. La redistribution de la richesse n'a rien modifié à l'éthique du capitalisme, on a envie de dire au contraire. Les deux pieds et les deux mains dans la cuisine fiscale et budgétaire et la gestion d'une crise mondiale, les socialistes n'en sont pas à imaginer l'au-delà du capitalisme. Ils en sont les gérants, sous la forme de la courageuse, la raisonnable, la réaliste social-démocratie. Ils sont les ménagères du capitalisme, comme Sully était le bon « mesnager » de la France, le bon gérant (Économie : étymologiquement « affaire de ménagères »). Ah ! le courage de Schröder qui sut lutter contre les privilèges des salariés en Allemagne pour que les patrons puissent vendre des grosses voitures en Chine ! Les libéraux sont devenus socialisants, et les socialistes libéraux. Les uns et les autres se livrent une concurrence de bonnet blanc contre blanc bonnet pour la gestion du système.

La dernière étape dans cette concurrence à l'efficacité économique est le « socialisme de l'excellence »[1]. Le modèle est la Nouvelle-Zélande, et son dirigeant travailliste David Lange, qui, en 1984, transforme une économie administrée en économie libérale. En trois ans, il supprime les subventions agricoles, privatise les télécoms, les banques, le chemin de fer, le secteur forestier, supprime le statut de la fonction publique, libère les prix, autonomise la banque centrale, abolit les droits de douane, baisse l'impôt sur le revenu… Que manque-t-il ? La flexibilité

1. J.-M. Daniel, *Le Socialisme de l'excellence. Combattre les rentes et promouvoir les talents*, F. Bourin, 2011.

du marché du travail. Il flexibilise donc le marché du travail et retarde l'âge du départ à la retraite. Pas de salaire minimum. Rien que de très libéral là-dedans. En échange, il dépénalise l'homosexualité, fait repentance vis-à-vis des indigènes maoris et promeut une politique extérieure moralement agressive vis-à-vis de la France et de ses essais nucléaires. Les Néo-Zélandais sont contents. À propos de l'affaire du *Rainbow Warrior*[1], il déclara à Mitterrand, réputé socialiste comme lui : « Pendant qu'ils défilent contre vous, ils ne défilent pas contre moi. » Le libéralisme (pardon, le socialisme) sait être cynique. Quelle différence entre ce socialisme et le libéralisme de Thiers, Guizot ou Dunoyer ? Les droits de l'homme peut-être (le mariage homo) ; la volonté d'assister les plus pauvres ; l'idée d'un minimum vital, type RMI ou RSA, qui permette de les secourir. Ce n'est pas rien. Encore que les bourgeois d'aujourd'hui en donneraient autant. Edouard Balladur, Roselyne Bachelot et d'autres se prononcent non seulement pour un RSA mais un revenu minimum d'existence. Tout ce social au nom de l'économie. L'alpha et l'oméga de la vie est le bien-être économique et le niveau de revenu.

Le rapport Attali (socialiste) remis en 2008 au président Sarkozy est purement libéral, d'un libéralisme de base, simpliste, ravi, nigaud, de début du XIXe siècle ou de première année de fac de sciences éco : favoriser partout la concurrence ; supprimer les numerus clausus ; ouvrir au vent du large, bref, *liquéfier* la société autant que possible, diluer tout ce qu'elle a de solide, historique, durable ; instanta-

1. Pour les plus jeunes : les services secrets français avaient coulé le *Rainbow Warrior*, un bateau de Greenpeace qui protestait contre les essais nucléaires français, amarré à Auckland, et tuant au passage un journaliste.

néiser les choses. L'économie de papa libéral redécouverte par pépé socialo.

Vous oubliez la Sécurité sociale… J'oublie pas. J'oublie tellement peu que je pense que le socialisme français connut son acmé en 1944, avec le programme du CNR voulu par les résistants socialistes (et communistes, et gaullistes), puis ne trouva jamais un nouveau souffle, et moins encore cette gaieté qu'il connut si brièvement en 1936. Depuis 1945, jamais la société n'a changé, jamais le capitalisme n'a vraiment été inquiété. Au contraire, c'est une tendance inverse qui a prévalu, une phénoménale accumulation, une explosion financière et, chez les hommes, une tendance à l'individualisation, au narcissisme, à l'isolement et aux rapports dominants d'égalité monétaire permis par l'échange marchand. Résister au délitement de l'État-providence reste un programme socialiste. Ré-sis-ter. D'aucuns argueront que c'est un programme réactionnaire, refusant le changement de société, et ils n'auront qu'à demi tort ; car *pour être vraiment socialiste aujourd'hui, il faudrait d'abord s'avouer réactionnaire.*

Dans le reste du monde, le socialisme est mort, alors là vraiment mort, en 1989 à Berlin. Un « socialisme » hideux et bien réel cette fois s'est effondré qui, pourtant, avait véritablement liquidé la bourgeoisie et l'aristocratie pour, sur leurs cendres, construire un système dont on ne finit pas de compter les victimes[1]. Quelques monstruosités champêtres comme l'expérience Pol Pot, quelques réminiscences comme la Révolution culturelle, et quelques musées des horreurs *in vivo* comme la Corée du Nord parachèvent la décomposition de la chose.

1. Timothy Snyder, *Terres de sang*, Gallimard, 2012.

Qui sont les derniers socialistes ? Les babas, les décroissants et les objecteurs de croissance, les adeptes de l'*ecommony*, l'économie du *common*, du logiciel libre[1], les Verts, ces sympathiques arrivistes plus rusés que des employés de mairie SFIO, les bonobos, qui fabriquent du collectif sexuel et ne savent pas encore qu'ils sont nos cousins germains, les savants, les profs désespérés, les chrétiens (oui, les chrétiens ; depuis André Philip, ils ont beaucoup donné au socialisme), les réindustrialisateurs qui prient saint Pompidou ? Pourquoi êtes-vous socialistes, au-delà du bla-bla fraternité, justice, démocratie, République (tout le monde veut la fraternité, la justice et la démocratie, camarades ; quant à la République, tout le monde est pour elle, même l'Action française qui appelle toujours à voter à gauche) ? Un parti « socialiste » aujourd'hui n'a pas plus de sens qu'un parti « communiste », dont nos affairistes apprécient particulièrement la gestion musclée de l'économie en Chine. Police et marché, que rêver de plus depuis Thiers ?

Faut-il abandonner ce mot, comme le souhaite le socialiste Manuel Valls (un peu moins maintenant qu'il est ministre) ? Le regarder comme le sourire du chat du Cheshire, qui persistait devant Alice après que le chat fut parti ? Sonne-t-il à nos oreilles comme un lointain écho d'un big bang qui commence en 1848, avec la IIe République, voire bien avant, avec les canuts ?

Les socialistes sont de retour après dix ans d'absence ; dix-sept ans pour la présidence de la République. Ils arrivent en pleine crise économique et monétaire, alors que toutes les social-démocraties de la terre ont trouvé leurs marques : de l'Allemagne, après la cure d'austérité et la

1. Lire F. Habermann, « Ecommony », *Ecorev*, n° 39, 2012.

baisse de la protection sociale imposée par Schröder, à la Suède, qui réduit le nombre de ses fonctionnaires, en passant par la Grèce, qui avale la pire rigueur que pouvait imaginer le libéralisme. Socialistes sans socialisme, tels des princes sans terres, ils dirigent sans partage la France.

Ils sont partis pour rééquilibrer les comptes et faire avaler la rigueur à ceux qui les ont élus. Qu'attendre d'eux ? Qu'ils gèrent mieux que la droite ? Ce ne sera pas un exploit. Qu'ils créent du logement social, un peu de justice dans la santé, la fiscalité – bien, très bien, très honorable. Réindustrialiser la France ? les capitalistes applaudissent. Mitterrand déjà nationalisa et assainit avant que la droite ne tire les marrons du feu et privatise. En lisant les 60 propositions du candidat Hollande, fort intéressantes, et qui sait ?, efficaces, d'où vient le sentiment que toutes les propositions les plus hardies (le mariage des homos, la parité homme-femme, le non-cumul des mandats) auraient pu être proposées par n'importe quel homme de droite de bon sens ?

Pour retrouver une part de rêve, nous allons chiner dans le magasin des antiquités socialistes, prendre la plus-value de Proudhon ici, la parabole de Saint-Simon là, pleurer avec Blum ailleurs, jeter des tomates sur Guy Mollet, aboyer avec les chiens aux mollets de Pierre Bérégovoy et laisser les gestionnaires enterrer les gestionnaires. Nous passerons par mai 68, juin 36, mars 1871. Nous suivrons la section SFIO de la petite ville de Muret, où vécut un socialiste historique, le président Auriol. Elle était composée de vrais socialistes : des instits, des résistants, d'anciens combattants d'Espagne. Enfant, je les ai entendus chanter le *Chant de l'armée de l'Èbre*, et surtout raisonner, raisonner, raisonner à l'infini sur le socialisme, le « mur de l'argent », Marx, Jaurès et son stoïcisme paisible d'amoureux de la beauté, et surtout sur l'impuissance, l'impossibilité de sortir de ce « capitalisme décadent, international mais individualiste, entre les mains duquel nous nous sommes retrouvés après la guerre. Il n'est pas un succès. Il n'est pas intelligent, il n'est pas beau, il n'est pas juste, il n'est pas vertueux. Nous ne l'aimons pas et commençons à le mépriser » (Keynes). Keynes n'aimait pas le capitalisme, mais il n'a jamais cru au socialisme. La sortie était ailleurs.

Si socialiste signifie solidaire, alors tout homme est socialiste. Que serais-je sans l'attention de mes parents, leur bienveillance, la langue de mon pays, la culture qui m'a été transmise génération après génération, depuis l'aube des temps ? Je suis civilisé, donc un nain sur les épaules des géants. Tout ce que je possède, je le dois. Les mots que j'utilise, je les dois.

Darwin pensait que la solidarité était inscrite dans les gènes de l'homme, et que c'était elle qui, avec l'altruisme, le souci des autres et de la « collectivité », avait fait de nous une espèce à part, toujours plus puissante et dominatrice. Au cœur du progrès humain serait l'altruisme. C'est probable. La « loi de la jungle », chère aux libéraux, est une loi de l'équilibre, purement statique, où les faibles disparaissent et les forts sont sélectionnés. Mais toutes les espèces prises ensemble constituent un système statique, à l'évolution infiniment lente. Seule l'espèce humaine aurait inventé le « progrès », corrélatif de sa capacité à parler et de son altruisme.

Le socialisme est certainement un refus de cette loi de la jungle, de la guerre de tous contre tous, un souci des faibles, des vaincus. « Malheur aux vaincus ! » n'est pas un slogan socialiste, loin de là. Mais les choses sont plus compliquées. Sauf dans les idéologies racistes, on se préoccupe des faibles, des pauvres, des humbles, des infirmes, des malades, des anciens, des dépendants. On ne peut concevoir une civilisation sans un minimum d'altruisme et, dirai-je, d'*inefficacité*. Le libéralisme économique voudrait qu'au nom de l'efficacité on liquidât les malades à la retraite (pas les malades encore actifs, ceux-là peuvent revenir au travail, produire)[1]. Bien entendu cette « efficacité » est totalement inefficace. Ce que voulait dire Darwin, c'est que la protection des faibles oblige à des trésors d'imagination et de productivité qui firent la puissance de l'espèce, alors que la loi de la jungle libérale (je liquide les faibles) interdit le progrès et condamne l'espèce à demeurer statique. Le paradoxe de « l'inefficacité terriblement efficace » est un des paradoxes que devraient méditer les économistes. Je fais donc l'hypothèse, comme Maurice Genevoix, que « tout homme est solidaire ». Tout homme a en lui une main qui donne à côté de celle qui prend. Et dans l'histoire de l'humanité, la main qui donne triomphera toujours de la main qui prend, et assurera le progrès de l'espèce. C'est, si vous voulez, la vieille lutte du bien et du mal, que Freud avait transformée en celle d'Éros et Thanatos[2].

Les droits de l'homme, le droit de vote, les droits des femmes, des homosexuels, le refus du racisme, de l'esclavage, de la guerre, l'anticolonialisme, l'amour des animaux, le droit à l'avortement... que sais-je ?, relèvent de la main qui donne et sont de droite comme de

1. Le prix Nobel d'économie Gérard Debreu fit ce genre de fines remarques lors de son passage à Paris peu après l'obtention de son prix en 1983.

2. *Malaise dans la civilisation* (1929), PUF, 1981.

gauche. Longtemps le socialisme des anciens – Guesde, Jaurès, Blum et tant d'autres que nous allons retrouver dans ce livre – fit illusion en accompagnant le combat pour les droits politiques : libertés d'expression, de réunion, de grève, de se syndiquer, combat contre l'antisémitisme, lutte pour l'éducation des enfants, abolition du suffrage censitaire, vote des femmes… Nombre d'hommes de droite ont accompagné voire initié ces combats. Sans doute la question de l'euthanasie sera discutée dans le même sens par des hommes de droite et de gauche, comme le furent le droit à l'avortement ou les droits mémoriels.

Le socialisme est donc autre chose.

Après solidarité, deux mots viennent immédiatement à l'esprit : justice, fraternité. Mais là encore, les socialistes ne sont pas originaux. Des hommes autres que les socialistes aiment la justice et la fraternité, et peut-être les pratiquent. Et comme le capitalisme bien tempéré n'interdit ni la redistribution, ni l'altruisme, ni les droits de l'homme, ni rien de ce qui fit les combats républicains depuis 1789, mais bien au contraire les avale et les régurgite sous la notion sucrée de *progrès*, tout en vous donnant la santé, l'espérance de vie et le pouvoir d'achat, il faut bien que les socialistes, s'ils veulent redonner du sens à ce mot, osent s'interroger sur ce qu'ils espèrent extirper du cœur du capitalisme. Quoi donc ? Le progrès ? Certainement pas ! La technique ? Encore moins. L'enrichissement ? Non plus ! « Pouvoir d'achat » est leur mot magique… La servitude volontaire ? La frustration éternellement renouvelée ? La laideur, qui semble la marque de notre civilisation ? La pulsion de mort[1]

1. Je renvoie à notre livre, écrit avec le regretté Gilles Dostaler, *Capitalisme et pulsion de mort*, Albin Michel, et Hachette Pluriel, 2010.

(Freud, Girard…) qui nous pousse à accumuler sans oser vivre et être libres, et frappe inlassablement Mère Nature ?

Ils sont muets. Alors, je vais essayer de répondre.

Et d'abord, pourquoi suis-je socialiste ? À cause d'un grand malentendu.

CHAPITRE 1

Tabula rasa

« Du passé faisons table rase. »
L'Internationale

Un grand malentendu, car du passé je ne ferai jamais table rase.

L'histoire me submerge de très loin, avec ses grandes vagues. Toulousain, j'entends l'écho du big bang qui anéantit le comté de Toulouse et la belle langue occitane dont Dante rêva pour la *Divine Comédie*. Résonnent dans mes oreilles les clameurs de la bataille de Muret (1213) qui vit la déroute des troupes du comte Raymond et la mort de son cousin Pierre, roi d'Aragon. Trois ans après le sac de Béziers (« Tuez-les tous, Dieu reconnaîtra les siens ! »), la Garonne, rouge du sang des vaincus sur vingt kilomètres, de Muret à Toulouse, apporta une fois de plus la nouvelle que les « barbares », les « Français », ne font pas de quartier. Plus tard, il y eut l'Inquisition à Pamiers. Puis le comté de Toulouse fut englouti dans le royaume de France, et le fleuron de la vieille civilisation gallo-romaine avalé, tandis que naissait une nouvelle, magnifique. Édit de Villers-Cotterêts : la France parlera français.

Mais bon, nous sommes français du Sud, moqués par les vainqueurs, ceux du Nord. Mes grands-parents ne parlaient qu'occitan, mon père assez souvent, je n'ai gardé de la vieille langue que l'accent, déjà perdu par mes enfants. L'Ariège – la frontière de l'Aude et de l'Ariège exactement, berceau de la famille – reste mon paradis, avec mes Pyrénées chéries. Je hais le grand historien Lucien Febvre et son paisible racisme quand il évoque les régiments « crasseux », « bruyants » et au « langage incompréhensible » du Sud qui montent au front en 1915[1]. Car bien que du Midi, bien qu'ayant parlé enfant « un langage incompréhensible », *je suis terriblement français*. La bataille des cadets de Saumur ou celle de Bir-Hakeim me font trembler de joie. Je comprends la violence qui doit étreindre les enfants d'immigrés maghrébins à la moindre parcelle d'allusion raillant leur origine. Je suis terriblement français (ce fut long et douloureux), même si je suis chez moi à Barcelone avec Durruti et Ascaso, à Marseille, où mes grands-parents maternels sont inhumés dans l'un des plus beaux cimetières marins du monde, ou encore à Alger, tantôt peuplé d'Espagnols, d'Italiens, de Lorrains et de juifs, plus qu'à Nantes ou Caen, et surtout plus qu'à Paris, ville où je vis depuis longtemps et ne comprendrai jamais, sans doute parce qu'elle s'est vidée de son peuple comme de sa sève ; morte-vivante, empaillée, maquillée et photographiée, et ce n'est pas un maire socialiste qui lui a redonné du souffle. Ma fille est née à Carcassonne, mon fils à Muret, et je suis prêt, oui, prêt à devenir européen, et pourquoi pas citoyen du gouvernement mondial démocratiquement élu et situé à Pékin, New York, New Delhi (rayez la mégapole inadmissible) malgré toutes les rancœurs – reniflez l'odeur de chair brûlée au pied de Montségur, promenez-vous dans

1. Lettre à Henri Hauser du 26 mars 1915, in *Nous sommes des sang-mêlés* de Lucien Febvre et François Crouzet, Albin Michel, 2012, pp. 376-378.

les Cévennes et écoutez la plainte des enfants violés, embrochés et rôtis par les dragons (madame de Sévigné en parle au détour d'une lettre), et vous comprendrez. Une nation se cimente dans le sang. Dans deux ans, la grande vague rouge du centenaire de 1914 va nous submerger. Et si je parle de la lointaine bataille de Muret, c'est parce qu'un député gaulliste[1] l'évoqua un jour dans un débat à Toulouse, pour lâcher, éberlué : « Mais vous ne nous pardonnerez donc jamais la croisade des Albigeois ? »

Jamais. Quel rapport avec le socialisme ? Tout. Et d'abord la section socialiste de la SFIO de Muret (Section française de l'Internationale ouvrière) dont on va reparler ! Des durs ! Membre d'honneur : le président de la République, Vincent Auriol, notre voisin. Encartés : mon père et ses copains de l'École normale et du maquis de Rieumes-Savères, beaucoup de trains déraillés, quelques morts au combat. Deux Espagnols : un Aragonais, Galdon el Maño, l'anarchiste, une balle d'une joue à l'autre du côté de Saragosse, et Granell le poumiste, guerre d'Espagne, camp du Vernet, évasion, Afrique du Nord, Leclerc. Et moi, enfant, tout oreilles. Réunions chez nous. Gauloises et Gitanes sans filtre. Chaudes nuits. Meursault ou Corton (le paternel avait une sacrée cave !), armagnac « Sempé ». Parmi les copains instits, Alexandre Montariol. D'autres. Meyer, Samouyan. Galdon, dont je ne compris jamais un seul mot, me conduisirent auprès de Federica Montseny et de Ricardo Sanz, leaders anarchistes, vivant l'une dans une HLM, l'autre dans un taudis à Toulouse. Quand Ascaso, le chef anar, fut tué, Ricardo Sanz le recueillit dans ses bras, « *caliente* » me dit-il, encore chaud. Durruti, Ascaso, Sanz, Jover : les mousquetaires de l'anarchisme. J'étais bien jeune, mais je

1. Il s'agit d'Alexandre Sanguinetti.

reverrai toujours Ricardo qui me salua du poing levé quand nous le quittâmes. J'oubliais ! Le plus silencieux des anciens maquisards, jamais un mot, toujours le béret sur le crâne, toujours à mastiquer sa cigarette roulée : Bajon, l'homme des coups. Sa devise : « Devant une mitraillette, il n'y a pas d'homme fort. » On imagine mal aujourd'hui une section socialiste avec des gaillards pareils ! À Alexandre, je dois la lecture d'Orwell, à mon père, celle de Camus.

Grand malentendu, en effet… Je croyais être du côté des socialistes et j'étais éternellement du côté des vaincus, des victimes, des faibles, des persécutés, des humiliés, des battus qui s'étaient bien battus. Je n'aime pas « le rire hideux du vainqueur ». Je n'aime pas les puissants. Je plains les vaincus, jusqu'à ces prisonniers allemands emmenés en août 44 à Paris. J'ignore « la vile tentation d'aller du côté du plus fort » (Léon Blum[1]). Je suis socialiste parce que je suis du côté des faibles. Je suis avec les nègres enfermés à fond de cale, avec ceux qu'on offre aux chiens à Haïti, avec les populations battues, humiliées et torturées des douars et des mechtas, je suis au milieu de toutes ces foules anonymes qu'on pousse, canalise, ou bombarde ou tue, du côté des gens qui fuient, qui courent, pleurent, implorent, des femmes surtout, du côté des gens qui lèvent les bras ou les yeux au ciel, je suis avec les fuyards de Pologne et de Belgique, les femmes violées de Berlin, les affamés d'Ukraine.

Le socialisme est-il du côté des faibles, des gens de peu ?

C'est une erreur considérable. Considérable. D'abord parce que je confonds un système social et une position même pas morale, compassionnelle. Or la compassion est la chose du monde la mieux partagée avec la méchanceté, la gourmandise et le mal au dos. La fraternité des ouvriers,

1. *Pour être socialiste*, Albin Michel, rééd. 2012.

la douceur du prolétaire, la bonté des gens de peu, la gentillesse des humbles, l'empathie des gens modestes ? Tu parles ! Les communards, bagnards frais acheminés en Nouvelle-Calédonie, aidèrent à exterminer les Kanaks révoltés en 1878 à Ataï… Et de cette substantielle bonté populaire, Jaurès parlait avec Liebknecht peu avant de recevoir deux balles dans la nuque ; ce même Liebknecht, fusillé par des prolétaires revêtus d'uniformes, qui constituèrent ensuite les hordes sauvages du nazisme. Cette longue plainte des humiliés qui monte à mes oreilles, peut-être depuis Spartacus, n'est évidemment pas entendue seulement des socialistes. Tout chrétien l'entend, comme son Dieu qui fut d'abord celui des offensés et des humbles, avant de subir la croix, le supplice le plus bas, le plus infâme, le supplice des esclaves, de ceux qui n'étaient même pas des hommes ; et qui devint le Dieu de « l'ignoble bourgeoisie à qui le pouvoir est échu » (Balzac).

Et puis, s'il s'agit d'aider les pauvres, alors les socialistes ont perdu. Car rien de tel que le capitalisme pour enrichir les pauvres. C'est même la seule promesse que puisse faire le capitalisme : l'enrichissement. On dira que l'enrichissement matériel n'est pas l'enrichissement, que l'être n'est pas l'avoir, etc., et, plus récemment, que l'enrichissement se fonde sur la destruction du capital donné aux hommes à leur naissance, appelé globalement la « nature ». Certes. N'en demeure pas moins que le capitalisme dit : entre un monde où le plus riche possède mille et le plus pauvre cent, et un monde où le plus riche possède deux cents et le plus pauvre cinquante, je propose le premier, celui où le pauvre est le mieux traité[1].

1. Et nous retrouvons, rustiquement exprimé, le célèbre « principe de différence » de John Rawls dans sa *Théorie de la justice*, Le Seuil, 1997.

Mais alors… Si le libéralisme (le capitalisme) prétend enrichir les pauvres (préférons un monde sans pauvres à un monde sans riches), qui a raison ? Le socialiste ou le libéral ? Le socialiste peut-il répondre : je préfère un monde égalitaire où les pauvres sont plus pauvres que dans un monde inégalitaire ? Depuis longtemps, je projette d'écrire un article : « Qu'est-ce qu'une politique économique socialiste ? » Je n'y arrive pas. Je n'y arrive pas parce que c'est impossible, *il n'y a pas de politique économique socialiste.* Oui, la réforme fiscale, la redéfinition de la dépense publique, CSG plutôt que TVA sociale et patin-couffin, bien, bien, mais tout cela n'est que de la cuisine budgétaire et non une politique « de gauche », encore moins « socialiste ». Alors, nationaliser les banques et les transports ? Vincent Auriol l'entreprit, souvenez-vous du fameux « Les banques je les ferme, les banquiers je les enferme ». Mais Khrouchtchev le fit encore mieux. Un taux de croissance ne fait pas rêver, ni chanter ni mourir, et encore moins un solde du budget. Ni un programme de nationalisation. L'eau de vaisselle économique, grise, triste, issue des éviers de Bercy, a recouvert les âmes socialistes. La gauche socialiste est joyeusement entrée dans la guerre économique depuis *La Lettre à tous les Français* de François Mitterrand, véritable harangue précédant la bataille économique, qu'il a tout de même perdue, grâce à Delors, Bérégovoy et d'autres. Elle a le culte de l'entreprise, elle prétend avoir fait de Paris une place financière comparable à la City – pauvre Bérégovoy encore ! et Hollande et Montebourg, en 2012, c'est un peu Blum et Paul Faure en 1936 réarmant la France, et se préparant à la guerre économique avec l'Allemagne… mais se réconciliant, malgré qu'ils en aient, avec la finance[1].

1. « François Hollande se réconcilie avec la finance » (*Le Figaro*, 2 juillet 2012) ; « François Hollande joue l'apaisement avec les entre-

Vainqueurs, vaincus. Si je préfère un monde égalitaire et pauvre à un monde inégalitaire et riche, suis-je victime du ressentiment, cette maladie des vaincus, des faibles, des pauvres précisément ? « Le défi n'est pas mince pour la gauche de dégager la revendication de l'égalité de sa gangue du ressentiment. Et de permettre à ce qui, sous prétexte d'égalité, n'est souvent que l'envie d'occuper la place des gagnants, en jouant le même jeu qu'eux[1]. » Le discours de l'égalité n'est-il que celui des vaincus ? « Le socialisme n'est pas, comme on l'a dit tant de fois, le produit de l'envie, qui est le plus bas des mobiles humains, mais de la justice et de la pitié, qui sont les plus nobles[2] » (Léon Blum). Est-ce sûr ?... « L'envie, croix des envieux », disaient les Pères de l'Église. L'envie, le seul péché pour lequel aucune punition n'est prévue par l'Église, car il punit à lui seul – et de quelle façon sournoise et rongeuse ! – les pécheurs. Mais comment dégager la revendication d'égalité de la gangue du ressentiment ? Et nous verrons comment la droite, de manière particulièrement habile, surfe sur la vague du ressentiment pour détourner le vote populaire de la gauche. Jaurès a réglé cette question, et les socialistes l'ont oublié.

Le capitalisme ne peut exister que par la frustration et l'envie, des besoins toujours aiguisés et jamais satisfaits. C'est pour cette raison que les libéraux disent que « les inégalités sont saines, stimulantes ». La gauche démocrate s'accommode du capitalisme (régulé, pacifié, tempéré,

---

prises » (*Le Figaro*, 28 juillet 2012). Si *Le Figaro* le dit ! En 1937, Blum appela comme conseillers les libéraux Rueff et Rist, et l'infâme Baudouin, futur signataire de lois antisémites.

1. Alain Caillé, « Comment peut-on être anticapitaliste ? », *MAUSS*, n° 9, 1er semestre 1997, p. 299.

2. *Pour être socialiste, op. cit.*, p. 21.

socialisé, ramolli, émasculé, etc., etc.), le socialisme non. Enfin… ne devrait pas s'accommoder. D'une manière ou d'une autre, le socialisme est un anticapitalisme ou un dépassement du capitalisme.

D'autres bruits, fureurs et couleurs peignirent indélébilement mon socialisme. *Le Temps des cerises*, la fusillade des Trois Glorieuses, 1848, Gambetta en ballon, le mur des Fédérés, les cris des enfants découvrant la mer en 1936, la tignasse blonde d'Orwell subissant une harangue en catalan avant de partir pour le front d'Aragon ; et encore Guy Môquet, l'enfant communiste et « Ami entends-tu… », la Résistance, et encore 68, « Sous les pavés la plage »… L'écume joyeuse des lendemains qui chantent. Que ces temps étaient clairs où l'on voyait ses ennemis ! « La Révolution fut la vengeance millénaire des vaincus » (Guizot). Oui. Mais qu'il est bon de voir trembler sur leurs petites pattes les Guizot et les Thiers, avant qu'ils n'assassinent ! Combien de fois ai-je entendu le *Chant de l'armée de l'Èbre* à la section de Muret[1]…

Que sont mes amis devenus et qui sont mes ennemis ? Dis-moi qui sont mes ennemis, et je me battrai bien. Les patrons ? Je veux qu'ils créent des emplois, je veux qu'ils gagnent la guerre économique. Je veux réindustrialiser la France ; je crie « vive les PME ! » avec tous… Tout le monde veut créer des emplois, et d'abord ceux qui n'en ont pas. Les employés veulent créer des emplois, les chômeurs, les consommateurs, les marchés, les fonds de pen-

1. Un des plus hauts personnages de l'État d'aujourd'hui fut ainsi capturé par les argousins de Franco : il chantait ce chant dans un café d'Alicante, dans la chaleur espagnole. Je pense qu'entre les ors de la République et *Una noche el río pasó*, il choisirait encore la nuit chaude où l'armée républicaine passa l'Èbre.

sion aussi, bien sûr. Les vieux, les chiens, les chats veulent créer des emplois pour s'occuper d'eux, Dieu lui-même manque cruellement d'emplois de curés.

Mes ennemis ? Les « bourgeois, plus ça devient vieux, plus ça devient con » ? Peut-être. Plutôt les grands. Les grands du triptyque de Machiavel, *Le Prince*, les Grands, le Peuple ; ni le peuple ni le prince ne sont mes ennemis, sauf quand celui-ci fricote avec les grands (par exemple au Fouquet's) et quand celui-là devient la populace des massacres de septembre 1792 ou des tontes de l'épuration.

Les grands, donc la droite, à qui « le pouvoir est échu » de droit, légitime, alors que le pouvoir de la gauche est toujours « par raccroc », toujours la droite glapit à l'illégitimité de la gauche, le pouvoir d'ordre naturel – l'ordre naturel qui relève de la nature des choses adorée du bourgeois.

Pour cela, la lecture de Balzac, de Zola, de Flaubert et de Maupassant, de Houellebecq aujourd'hui, et autant la lecture des écrivains d'extrême droite dont la détestation écrase, pulvérise le moindre pasquin d'extrême gauche, aide à ne pas aimer le bourgeois. *Boule de suif* vaut tous les traités d'économie politique. Et *Madame Bovary*. Pas besoin de lire un tract de gauche pour voter contre la droite la plus bête du monde : écoutez pontifier Homais, la bêtise au front de taureau, la bêtise qui est, pour Flaubert, l'un des noms du diable.

Voter socialiste parce qu'on ne vote pas à droite… C'est un peu bref tout de même ! D'où cela me vient-il ? Là, tout paraît simple. Issu d'un milieu populaire, mais, dans la génération de mes grands-parents, votant à droite. Nationaux, patriotes (les deux avaient fait la Grande Guerre). Un père, voué par la nécessité (bouffer) à être curé et par le hasard (le curé était rouge !) à être instituteur, fut le premier et le dernier socialiste affiché, militant de la famille. Être pensionnaire à l'École normale d'instituteurs de Toulouse au moment du 6 février 1934, ça vous fabrique un militant !

En ce temps-là, les jeunesses socialistes aimaient faire le coup de poing. Lors des manifs de 1934, les ouvriers de l'ONIA, de Latécoère ou de la Cartoucherie balançaient des billes de plomb sous les sabots des chevaux des gardes républicains, dont nos jeunes socialos tailladaient aimablement les flancs et les jarrets avec de longs bâtons embouchés de lames de rasoir (à côté, les brûleurs de bagnoles de banlieue sont des rigolos). Puis ce fut 1936, le Front populaire. Et surtout le grand vent de la révolution, Barcelone, Madrid, Valence, la guerre civile espagnole. Tous ces jeunes gens rêvaient de partir dans les Brigades internationales. Et là, la première arête en travers de la gorge, énorme, à vous étouffer : les larmes de Blum, qui abandonnait la République d'outre-Pyrénées aux Maures du général Franco, aux aviateurs du chancelier Hitler et aux forces blindées de Mussolini. Comme tous les bons militants, mon père l'avait avalée, sans la digérer. Elle lui trouait l'estomac, encore au moment de mourir – il y eut d'autres arêtes plus tard, appelées Guy Mollet, Robert Lacoste, François Mitterrand.

Heureusement la guerre, l'Occupation, la Résistance : héros de la Bataille de France (il y en eut plus qu'on ne croit), officier prisonnier, évadé, grand résistant, mon père restait à gauche. Bon fils chasse de race et garde sa religion. Né trop tard pour connaître la guerre d'Algérie, j'étais, de mémoire, pour Léon Blum et contre Pétain – je n'ai pas dit pour de Gaulle, cela devait venir plus tard, bien tard, trop tard hélas, lorsque Jacques Chirac, en 2002, fit pour l'anniversaire de la rafle du Vél d'Hiv' le discours qui allait me libérer de la culpabilité honteuse. Enfin je mesurai a contrario l'incroyable sens politique du général de Gaulle d'avoir cherché à réconcilier les Français – et de Gaulle ne fleurissait pas la tombe de Pétain comme l'un et ne graciait pas Touvier comme l'autre[1].

Plus tard, j'ai compris que la droite et même l'extrême droite, catholique, maurrassienne (de Gaulle, Cordier, Leclerc, tant d'autres), avait combattu avec la France libre et la Résistance ; et qu'il valait mieux ne pas trop fouiller les archives pour voir qui de gauche était allé à Vichy ou qui de droite était parti à Londres ou dans les maquis[2]. Mais je savais que les grands, les patrons, avaient collaboré. Tous ou presque avaient fabriqué des pneus ou de la tôle ou des bunkers pour les nazis[3]. Les choses restaient claires : patrons collabos, ouvriers résistants. Ah oui ? Et qui conduisait les trains de la mort quand d'autres faisaient la bataille du rail ? On conduisait le jour, faisait sauter les ponts la nuit ? Pas sûr du tout. Complexes les choses, n'est-ce pas… ? Comment aimer ces communistes qui signèrent un pacte avec Hitler, dépecèrent la Pologne, firent le « coup » de Prague, envahirent la Hongrie ?

Et là, deuxième grand malentendu. Je croyais être socialiste alors que j'étais simplement du côté des humbles, et je l'étais aussi, deuxième quiproquo, *parce que j'étais farouchement anticommuniste*. « Les pires ennemis des socialistes sont les communistes », appris-je à la section SFIO qui formait mon petit cœur d'enfant de la communale, et l'inverse,

1. François Mitterrand et Georges Pompidou.

2. Lire, de Simon Epstein, *Un paradoxe français. Antiracistes dans la Collaboration, antisémites dans la Résistance*, Albin Michel, 2008.

3. Lire, de Renaud de Rochebrune et Jean-Claude Hazera, *Les Patrons sous l'Occupation*, Odile Jacob, 1995 ; et d'Annie Lacroix-Riz, *Industriels et banquiers sous l'Occupation*, Armand Colin, 1999.

disait-on aussi, est vrai. Car la section SFIO recelait nombre de républicains espagnols, farouchement anticommunistes : socialistes, poumistes, anarchistes (cette gueule cassée terrifiante de Galdon, dont une balle avait traversé la mâchoire et qui parlait difficilement, mais devenait fou lorsqu'on évoquait les cocos), *y varios.* Jamais d'accord entre eux, ils s'apaisaient contre l'ennemi stalinien.

Là encore, l'histoire, le congrès de Tours, puis l'histoire du stalinisme exporté par les chars dans les démocraties. Moscou qui donnait ses ordres à Thorez : la chanson habituelle, à laquelle personnellement j'ai toujours cru. Puis Jules Moch, « le père Julius », et sa répression des mineurs en 1947-1948, les tanks, les tirs à balles réelles, le briseur de la « grève insurrectionnelle ». Les socialistes de Muret étaient du côté de Jules Moch, ce nom qui fait autant frémir dans les chaumières communistes que celui du social-démocrate Noske, qui réprima férocement le soulèvement spartakiste en Allemagne et fusilla une femme, Rosa Luxemburg.

Je ne regrette pas cependant cette inimitié vis-à-vis des communistes, leur sens exacerbé de la dialectique, leur argumentation étouffante, sans trêve renouvelée, adaptée au blanc comme au noir, cette contradiction dans la contradiction qui leur permet de retomber sur leurs pattes comme des chats. Les socialos sont moins bons dans le marteau-pilon des concepts. Il leur arrive de douter, on découvre quelques fleurs dans leur charbon rhétorique. Certes, je lis avec volupté Badiou et Zizek. Mais comment Aragon, si drôle lorsqu'il clamait « Moscou-la-gâteuse » avec les surréalistes, pouvait-il écrire « feu sur Léon Blum, feu sur les ours savants de la social-démocratie » ? L'anticommunisme relevait aussi de la querelle Sartre-Camus. Comment Sartre, planqué et bambocheur sous l'Occupation, pouvait-il bramer : « Tout anticommuniste est un chien » ; ou, le même jour, au même endroit : « En URSS, la liberté de critique est totale »[1] ?

Cette bouillie rhétorique communiste aussi difficile à avaler « que de la sciure de bois qui eût été mastiquée et régurgitée par des générations et des générations » (Kafka) m'a longtemps éloigné de Karl Marx, à tort. Après avoir bouffé de l'économie pendant quarante ans, je proclame ici pour la seconde fois, et je le dirai cent fois s'il le faut, qu'il est le plus grand. Et que Keynes se serait épargné bien des tourments s'il s'était donné la peine de le lire[2]. C'est le plus grand économiste. Mais un illuminé et, ce que chacun sait maintenant, un chrétien extatique qui s'ignore, avec son irénisme bavouillant sur la fraternité humaine dissimulé sous les rodomontades de la lutte des classes.

Cronstadt, Makhno (les anars liquidés), Katyn (les officiers polonais liquidés), Barcelone (Andres Nin et le Poum liquidés), Budapest, Prague, Mai 68, l'invasion de la Tchécoslovaquie, de l'Afghanistan, le Goulag, Soljenitsyne, la chute du Mur, le parti communiste a fondu et les staliniens sont devenus d'excellents patrons libéraux, car il faut de la poigne pour faire un patron, en témoigne la transition russe. On saura gré à Mitterrand d'avoir mis du sable dans les rouages de la machine à concasser communiste : concrètement, de leur avoir fait la peau.

Mais les communistes furent de grands résistants, et le payèrent cher. Profil bas devant leur héroïsme, là, je

---

1. Ce pauvre Sartre ne voulait pas désespérer le prolo. Chaque fois qu'il léchait les mains communistes, il recevait une claque. Garaudy (on sait ce qu'il est devenu, paix à ses cendres antisémites et négationnistes) rappelait sa célèbre citation : « Je n'ai jamais été aussi libre que sous l'Occupation. »

2. Mais Keynes détestait trop la « populace ». Tout ça pour conclure sa *Théorie générale* par un adoubement de la valeur travail.

m'écrase, et les gars du maquis de Rieumes-Savères oubliaient leur rancœur ; et Bajon-la-mitraillette rappelait à l'ordre sur le courage des cocos. Même la droite fait profil bas devant l'héroïsme communiste : elle fit lire la lettre de Guy Môquet lors de l'intronisation de son chef.

Quelle est la différence entre un socialiste et un communiste ? « Une différence de méthode », disait Vincent Auriol à mon père, buvant un café (deux litres de café par jour pour le président). « Les socialistes veulent aller progressivement au socialisme, les communistes d'un coup. D'un coup d'État, ah-ah ! » Et le président de rire. C'était en 1958. Il racontait son entrevue avec de Gaulle, peu avant que celui-ci n'accepte le poste de président du Conseil. « Et l'armée, mon général ? » Soupir du grand homme, qui se redresse : « Auriol… Les militaires, je les mettrai au garde-à-vous ! » (il le fit). L'un des rares communistes fréquentables à Muret était Doumenc, du village voisin de Noé, le milliardaire rouge, grand copain ou grand ennemi de mon père selon la ligne : « La différence entre un communiste et un socialiste ? Un communiste fait la révolution, un socialiste adapte le capitalisme le temps d'aller à la soupe. » Parole de milliardaire. En 1958, Guy Mollet suivit de Gaulle ; mon père, Raymond Badiou, le maire de Toulouse, et quelques autres fondèrent le PSA. Tous les ans, Badiou, Maris, Debauge et Delbruel déjeunaient ensemble et refaisaient le monde. Les conversations étaient passionnantes, mais avec le temps, Raymond Badiou devenait de plus en plus laconique, laissant les autres s'enivrer et parler, de la Résistance surtout, toujours la Résistance, fortissimo à l'apéro, pianissimo et une buée dans les yeux au moment de l'armagnac… La dernière fois que je le vis, ce fut lors des obsèques d'Auriol, en 1966. Il me dit, les yeux dans le vague de la fumée de sa cigarette roulée (comment un type aussi « smart », fou de Wagner, roulait-il ses cigarettes ?) : « La politique, jeune Maris ? Le ventre et le bas-ventre... » Le ventre et le bas-ventre... Pour un des rares socialistes à avoir eu le courage d'abandonner son poste pour être fidèle à ses idées (et quel poste : maire de la quatrième ville de France !), cela sonnait bizarre.

Être anticommuniste aujourd'hui, avec des gens aussi charmants que Marie-George Buffet et son adorable faussement méchant compère Jean-Luc Mélenchon, est parfaitement déplacé. Du passé stalinien faisons table rase. Ce n'est plus l'anticommunisme qui fonderait mon socialisme aujourd'hui. Alors quoi ? Qu'est-ce qu'un socialiste ? Un social-démocrate prêt à assumer les sacrifices sur l'autel du coût du travail et de la compétitivité, comme le social-démocrate Gerhard Schröder encensé par la droite (limitation du coût du travail, flexibilité, généralisation du temps partiel, jobs à un euro, allongement de la durée d'activité) ?

Crétins de sociaux-démocrates européens arguant de la « concurrence libre et non faussée »... En général, les monopoles et les tenants de rentes, ou de demandes captives, se drapent dedans comme les dictateurs se sont toujours drapés dans le linceul de la démocratie tachée du sang de leurs concitoyens. Pas plus libérale qu'une société d'auteurs et compositeurs défendant les majors de la chanson ou du cinéma, les situations acquises, les vieux requins installés dans leurs fromages commercialo-artistiques et matraquant le public à coups de blockbusters promouvant les auteurs installés, société d'oligarques associés glapissant contre les « pirates » d'Internet. Pas plus libéraux que les hérauts des droits d'auteur, les champions de la brevetabilité à tous crins, qui s'accrochent à leurs héritages ou volent, comme dans l'agroalimentaire, les plus élémentaires droits collectifs immémoriaux des traditions agricoles indigènes. Pas plus libéraux que les opérateurs installés de téléphonie mobile qui couinent comme des rats pris au lacet dès qu'un nouvel entrant menace de ronger leur fromage[1].

Le libéralisme promeut les talents ? Possible. Possible qu'il les étouffe surtout ; voir précisément ces brevets et ces droits d'auteur. Les talents existent, heureusement, hors l'économie, non seulement hors, mais *contre l'économie, publique ou privée* – la qualité de la littérature soviétique tantôt comme celle de la littérature américaine aujourd'hui l'attestent. Contre l'économie : il n'y a pas plus incolore, inodore et insipide que la culture « mainstream » qui fabrique de l'émotion lyophilisée resservie avec de l'eau sucrée à longueur de séries télévisées. Heureusement, ici ou là, contre « mainstream » surgissent des auteurs, inéluctable renaissance des fleurs de la poésie sur le béton de l'économie.

Bref. Le libéralisme est devenu social-démocrate, et le socialisme libéral-productiviste. Certes, le secteur social, celui des associations, les tiers secteurs, les coopératives ne sont pas négligeables : 10 % de l'emploi en France. Mais outre que les coopératives genre Caisses d'épargne ont donné des scandales à quelques milliards d'euros volés à la collectivité comme Natixis, ou des déficits similaires pour le Crédit agricole, lui aussi issu de la coopération, le tiers secteur ne bouge pas depuis cinquante ans. La vitalité des associations en France, elle, traduit la possibilité d'une vision non concurrentielle, non productiviste mais son heure n'est pas encore venue, alors qu'elle était program-

1. Dans le genre affreux et tellement vrai, le cri du cœur de Bouygues : « Je n'ai pas acheté le château pour que des romanichels viennent camper sur la pelouse » (à propos de son concurrent Free qui désirait entrer sur le marché de la téléphonie mobile).

mée sur le réveille-matin de tous les grands socialistes qui le remontaient le soir avant de s'endormir (Leroux, Fournière, Jaurès, Blum…) et se réveillaient au son de : « coucou-coopérative », « coucou-association » ; et il faudrait sincèrement se poser la question : l'association peut-elle réveiller un jour ce qui paraît bien mort ?

Association ? Fourier, Proudhon, tous (pas tous : pas Marx, ni Guesde, ni Saint-Simon) : « Le socialisme est l'alliance de l'arithmétique et du merveilleux » (Fourier). L'arithmétique, on y croit, il suffit de voir les mégotages sur le déficit et les tronches de calculette de Lamy, Aubry, Fabius, Delors… mais le merveilleux ? Ne soyons pas injuste : Benoît Hamon est ministre de l'Économie sociale et solidaire, après Guy Hascoët (gouvernement Jospin, très sympathique, action zéro) et Jean Gatel (gouvernement Fabius, très sympathique, action zéro). Étonnez-moi, Benoît.

Au fait… qu'est-ce qui ne vous plaît pas dans le capitalisme, camarades ?

CHAPITRE 2

L'anticapitalisme

> « Du point de vue de la qualité de la vie humaine, je ne pense pas que la société occidentale, depuis qu'elle tient les archives de son histoire, ait fait le moindre progrès – excepté l'adoption du christianisme. Et il ne fait pas de doute que les peuples primitifs, qui n'ont pas été touchés par le capitalisme et l'industrialisme, sont plus heureux que les hommes civilisés. »
>
> George Orwell

L'homo sapiens ne baigne-t-il pas dans le « marché » depuis l'invention de l'économie, c'est-à-dire de la rareté, depuis la fin du parasitisme de la nature, et la domestication et la sélection des plantes et des animaux, la sédentarisation, l'invention de l'enclos et de la propriété, il y a douze mille ans ? Auquel cas la « fin de l'histoire » de Fukuyama n'a aucun sens puisque le marché et le capitalisme seraient simplement l'histoire. S'il en est ainsi, le mot « socialisme » n'a aucun sens non plus, sauf à être une « utopie » et une « uchronie ». Mais la réponse est non. Le capitalisme est un tout jeune homme : le capitalisme est l'aspect économique de la civilisation occidentale contemporaine depuis deux cents ans.

Certes, depuis toujours les hommes pratiquent l'échange (le trafic de pierres taillées pendant la préhistoire est attesté dans toute la vallée du Rhône, et les anthropologues nous ont conté les échanges de femmes et de richesses), l'épargne et l'accumulation par la constitution de surplus. La constitution de surplus (l'invention du détour de production, la mise à l'écart de forces productives pour constituer du capital : un moulin, un four par exemple) est au cœur de l'économie. Et depuis très longtemps, les armateurs pratiquent le grand commerce hauturier (international, dirions-nous aujourd'hui). Les Grecs et avant eux les Phéniciens, et avant eux encore les Babyloniens et d'autres ont inventé les concepts de contrat et d'assurance, la monnaie de crédit, la comptabilité, la compensation, les sociétés en commandite, l'assurance sur les contrats (aujourd'hui généralisés dans les *credit default swaps*, ces fameux CDS qui empoisonnent la finance internationale). La monnaie de crédit et la compensation, qui contiennent les principes de la partie double et ce concept économique essentiel d'*équilibre*, existent bien avant l'invention de la monnaie frappée en Lydie quelque sept siècles avant notre ère. À Gênes en 1347, on trouve la trace du premier contrat d'assurance écrit, mais l'assurance elle-même, la garantie que l'on demande aux frères, aux parents, est immémoriale. Le prêt à intérêt est pratiqué par les Mésopotamiens.

Donc tout ce qui fait le capitalisme – la technique, les moulins et la domestication de l'énergie, les surplus, l'intérêt, l'échange, le travail, artisanal ou servile – est là. Et puis Venise, les foires de Champagne, le grand commerce des Arabes, la route de la soie, etc., etc. Et aussi les grandes figures : l'assureur, le banquier, l'entrepreneur, plus proche du corsaire que de l'énarque pantouflard installé à la tête d'une banque par copinage politique. Et déjà les associés, les holdings. Bien entendu, les hommes sont cupides, insatiables, avides – nos crétins de Wall Street n'ont rien inventé. Mais. Mais cet échange marchand qui permet la constitution de fortunes colossales, et fonde comme aujourd'hui les rapports des marchands avec les princes et les grands, n'est pas le capitalisme.

On sait que le marché est né à l'extérieur, et que la constitution du marché intérieur fut « la grande transformation[1] » impulsée par les princes, comme ils impulsèrent (ou subirent, ou accompagnèrent) les mondialisations, les colonisations et autres phénomènes politico-commerciaux. Le marché n'est pas le capitalisme. Certes, il ronge la vieille société, notamment il fait « marchandise », « mercantilise » les trois biens fondamentaux de la vieille société, la Terre, le Travail, l'Argent, qui relèvent de la Noblesse, de la Corporation et du Prince. L'enclos, les *enclosures*, la privatisation des communaux, l'extension de la propriété privée qui sera consacrée par la Déclaration des droits de l'homme ronge les aspects collectifs de la société précapitaliste. Mais le marché et la marchandisation ne sont pas encore le capitalisme.

Le capitalisme exige un saut qualitatif, génétique, a-t-on envie de dire, qui s'est produit avec la Révolution industrielle anglaise et l'application systématique de la technique à la production[2]. On sait aujourd'hui que tout, ou presque,

---

1. Lire l'ouvrage majeur de Karl Polanyi, *La Grande Transformation*, Gallimard, 1983.

2. Hommage à Adam Smith et à sa perspicace reconnaissance de la division du travail, facteur de productivité. Mais la division du travail n'est pas la « conséquence d'un penchant naturel des hommes à trafiquer, faire des trocs et des échanges », comme disait le même Adam Smith. Les hommes n'ont aucun penchant à l'échange monétaire, l'artisan de la corporation n'a rien à voir avec l'échange monétaire, et dans la vieille société, le marché est naturellement inscrit dans le politique et le religieux.

a été inventé par les Chinois. La poudre, le papier, l'imprimerie (ce qui, pour une société écrivant par idéogrammes, est un exploit), l'horloge, le gouvernail d'étambot, le harnais, l'étrier, les lunettes et instruments astronomiques, la porcelaine, etc., mais on sait moins que la navette volante de Kay (1733), qui multiplie simplement par deux la productivité du tissage, fut transmise des Chinois aux Italiens par le truchement des marchands musulmans dès le XIIIe siècle, et que la *water frame* d'Arkwright (1785), machine à filer beaucoup plus productive mue par moulin à eau puis par la machine à vapeur de Watt, fut inspirée de l'invention du Chinois Wang Chen que les historiens des techniques font remonter à 1313. Au XIe siècle, les hauts fourneaux chinois produisaient deux fois plus que les hauts fourneaux anglais au XVIIIe. Il faudra la révolution définitive des fours Martin (1853) et Bessemer (1856) pour faire exploser la production de fonte et d'acier, dont le procédé de fabrication fut copié en Inde ; et les procédés Martin et Bessemer étaient bien entendu connus des Chinois dès le Ve siècle. Tout cela non pour nous inciter à un peu de modestie, bien au contraire. Au contraire, nous conforter dans l'idée que ce sont bien les Européens qui inventèrent le capitalisme, ce que ne firent ni les Chinois[1] ni personne. Seule l'Europe possédait les ingrédients de la mixture prête à naître. Il y a quatre éléments qui manquaient aux économies précapitalistes :

1) *L'application systématique de la technique à la croissance de la productivité*, c'est-à-dire la recherche incessante de gains de productivité et, pour ce faire, la science commise et soumise à la technoscience, à la rationalisation systématique de la production et, au-delà, de la vie des hommes.

1. Lire David Landes, *Richesse et pauvreté des nations*, Albin Michel, 2000.

Pour la première fois, la science se distingue de la connaissance et devient intéressée, appliquée, destinée à accroître la productivité du travail. Rassurons-nous, les hommes inventeront toujours par hasard et par plaisir. Mais l'esprit du capitalisme veut que toute découverte soit, directement ou indirectement, destinée à l'augmentation de la productivité du travail. L'esprit du socialisme aussi[1].

2) *L'exigence d'un travail libre,* différent de l'esclavage bien sûr, mais différent aussi du travail de la corporation soumis à des règles très strictes, hiérarchisé, exigeant en matière de qualité (constitution du chef-d'œuvre), de paiement à « juste prix » selon la vieille thèse aristotélicienne puis thomiste. L'esprit du socialisme niera également la corporation : tout pour le salarié libre, porteur de sa propre émancipation.

3) *L'exigence d'une production de masse* corrélative de grandes séries, d'un crédit généralisé, d'une recherche de productivité incessante (aussi bien dans la fabrication des séries télé que dans celle des voitures ou des yaourts promus entre deux séries télé). Là aussi, le socialisme approuvera : produire en masse pour la masse par les masses laborieuses grosses de la Révolution. Le congrès de Marseille de 1875 dira non à la coopérative, trop petite.

4) Enfin, dernier élément essentiel : *un rapport nouveau au temps.* Les Européens ont laïcisé, démocratisé le temps, qui n'appartient plus à Dieu, maître des moments de prière, ou à l'empereur, maître des calendriers comme en Chine, mais à tous les hommes. Et surtout, le temps n'est plus cyclique comme dans la vieille société, il n'est plus celui de la repro-

1. « C'est avec le socialisme que la science deviendra vraiment bienfaitrice, et l'on peut dire en ce sens que socialisme et science sont vraiment le complément l'un de l'autre. La science développe les richesses de l'humanité » (Léon Blum, *Pour être socialiste*, *op. cit.*, p. 56).

duction à l'identique et de l'éternel retour des choses, mais il devient linéaire, et permet désormais l'accumulation infinie. Le temps du capitalisme, linéaire, est en contradiction radicale avec celui de la nature, cyclique. Et même avec celui de la vie : *il n'y a pas de raison que la vie humaine s'arrête*, c'est cette vision démente que va proposer le capitalisme, un oubli de la mort, mieux, une lutte acharnée contre la mort. C'est cette lutte acharnée qui, à terme, contient la destruction de l'environnement, donc de l'espèce, à tout le moins de l'espèce humaine en tant qu'espèce humaine[1]. Que disent les socialistes ? La même chose, de Khrouchtchev à Castro en passant par les sociaux-démocrates.

Ce n'est donc pas la cupidité, le désir d'accumuler des richesses, qui fait l'originalité du capitalisme. Ce n'est même pas non plus la destruction de la nature – les Romains, pour les besoins du cirque, firent quasiment disparaître de la surface de la terre les plus beaux animaux, et les peuples des savanes firent le désert du Sahara aussi bien que les pêcheurs industriels japonais font le désert océanique aujourd'hui. Ce n'est pas le capitalisme qui tua le dernier loup d'Angleterre, dont le merveilleux poème de Borges conte la mort.

Le capitalisme a donc un rapport particulier à la science, au temps, au travail. Avant d'expliciter l'« esprit du capitalisme » si bien décrit par Max Weber, cet esprit qui fait notre imaginaire aujourd'hui et qui, mieux qu'un anesthésiant, nous plonge, devant les objets que nous produisons et jetons, dans une torpeur hébétée, vaguement ahurie et cynique, il faut entendre la grande promesse du capita-

1. Qui pourra éventuellement être transcendée dans l'homme-machine cher aux transhumanistes, dont un bon représentant est Fukuyama.

lisme. J'avoue qu'elle m'a longtemps laissé sceptique et que j'ai eu tort. Elle est plus efficace qu'un poison, en tout cas que le poison de la religion qui promet le paradis après le cimetière. Voilà cette promesse. Le capitalisme dit : « Tu t'enrichiras sans la guerre, sans voler ton voisin. » Je ne suis pas idiot, je sais que c'est faux, j'ai entendu parler de Carnegie et des barons voleurs, de la colonisation, du vol par Monsanto des secrets génétiques, de la privatisation de la Russie, et de l'extorsion de la plus-value, et même des guerres mondiales pour anticiper sur les cris d'orfraie des socialistes qui lisent ces lignes. Mais le capitalisme répète : la croissance du gâteau fait que tu auras plus de gâteau sans mordre dans la part des autres. La prédation n'est plus de ce monde. À la prédation succède la croissance. À titre d'exemple, pendant le premier siècle de son existence (1602-1700 environ), la Compagnie des Indes hollandaises fait la moitié de ses profits par le doux commerce, l'autre moitié par des actes de piraterie. Le forban n'est pas encore distinct du commerçant. La piraterie, l'extorsion n'ont peut-être pas aujourd'hui disparu mais sont dissimulées quelque part, sous le tapis de la névrose humaine au travail peut-être, et certainement dans la fonte des glaces, dans la destruction du capital naturel n'appartenant à personne, ou dans le calme racket légal des marchands de pétrole, de téléphonie mobile, ou de crédits divers, pourris ou non. Quoi qu'il en soit, la croissance et la rareté permettent aujourd'hui à Total de faire de substantiels profits sans besoin de piller, dérober, vendre des esclaves comme autrefois.

Les conséquences sont considérables : 1) Le capitalisme entre en crise dès que la croissance chute. 2) La promesse de croissance infinie est, insistons, promesse de vie éternelle. Le capitalisme, gagnant du temps par la productivité, réalise le rêve prométhéen de se rapprocher des dieux et de l'éternité. Il est une tendance asymptotique à l'éternité. Ce n'est pas pour rien que l'accroissement de l'espérance de vie est toujours présenté comme la marque du progrès : on ne sait pas si l'homme est plus heureux, plus souriant, plus gai, mais on sait qu'il stationne, en moyenne, plus longtemps sur terre[1]. Accumulant de l'argent, le capitalisme accumule du temps. Pour qui ? Certainement pas pour les présents, mais pour les générations futures. Les quakers, piétistes, mennonites dont parle Max Weber, « dont le détachement est devenu aussi proverbial que la richesse[2] », vivent dans la frugalité et laissent leur capital aux générations futures. « Le gain est devenu la fin que l'homme se propose ; il ne lui est plus subordonné comme moyen de satisfaire ses besoins matériels[3]. »

Ne pas vivre pour accumuler, accumuler de l'argent pour de l'argent et non pour ses besoins, est tout ce que refusait la vieille société qui faisait la différence entre « chrématistique » (l'argent qui fait de l'argent) et « économie » (la gestion de la maison). Le capitalisme a réhabilité la chrématistique, vilipendée par Aristote puis les chrétiens, saint Thomas autant que Luther. Chez Benjamin Franklin, en revanche, héraut de l'utilitarisme, faire de l'argent pour de l'argent est un devoir. C'est le but du bourgeois. C'était inconcevable autrefois. « Voilà précisément ce qui semble, à l'homme précapitaliste, le comble de l'inconcevable, de l'énigmatique, du sordide et du méprisable. Qu'un être

1. Qu'on nous permette de renvoyer à la couverture du *Figaro Magazine* du 8 janvier 2011 : « La vie moyenne bientôt à 130 ans et peut-être un jour la vie éternelle… » Ce type de sujet est récurrent dans la presse.

2. *L'Éthique protestante et l'esprit du capitalisme* (1904-1905), Plon, 1964, p. 40.

3. *Ibid.*, p. 50.

humain puisse choisir pour tâche, *pour but unique d'une vie, l'idée de descendre dans la tombe chargé d'or et de richesses*, ne s'explique pour lui que par l'intervention d'un instinct pervers, l'*auri sacra fames*[1]. » Si le capitaliste rêve d'être l'homme le plus riche du cimetière, alors il y a quelque chose de morbide en lui. Keynes ne manqua pas de relever ce « désir morbide » d'argent qui conduit à la mort, tel le roi Midas, qui faillit mourir d'avoir voulu tout transformer en or[2]. Et Blum est très perspicace sur cet « homme le plus riche du cimetière » qui s'endetterait pour ses enfants. C'est, dit Léon Blum, « une vue désespérée et méprisante de l'humanité[3] ». L'héritage n'est-il pas un prétexte ? « La vérité est, tout simplement, que par un secret instinct de moralité, nous sommes moins honteux de rapporter à nos enfants qu'à nous-mêmes notre appétit personnel de lucre[4]. » Intelligent Léon Blum ! Ainsi nous détruisons la terre, leur terre… pour les faire hériter ! Nous faisons mine d'être débiteurs de nos enfants en accumulant pour nous-mêmes.

Mais à côté du capitaliste, voici maintenant le travailleur de Max Weber, qui n'est guère différent. Le travail est un refus de la vie comme moment d'oisiveté, de poésie, de gaspillage, de dilapidation du temps. Le travail est une épargne de temps, pour plus tard. Il est, dit Weber, « le refus de la joie de vivre ». Il fait désormais la valeur de la vie (d'où toutes les thèses de la valeur travail des économistes, de Smith à Keynes en passant par Marx et

---

1. *Ibid.*, p. 74, c'est moi qui souligne.
2. Mythe que rejoint la sagesse indienne nord-américaine : « Quand l'homme blanc aura transformé la terre et l'eau en or, comment pourra-t-il manger et boire ? »
3. Léon Blum, *Pour être socialiste*, *op. cit.*, p. 13.
4. *Ibid.*, p. 47.

Ricardo). Il n'est plus une punition (ce qui permettait de réserver le beau rôle aux classes oisives, les nobles et les prêtres, chargés de la prédation et de la répartition des richesses) mais, par un renversement inouï, devient le moyen de satisfaire la volonté divine, que l'on retrouve déjà chez saint Paul : « Chacun peut faire son salut dans l'état où il se trouve placé dans le si bref pèlerinage de la vie » (I Corinthiens VII). À juste titre, Marx voyait dans le christianisme (l'homme seul face à Dieu) le ferment de l'individualisme, et partant du capitalisme. Le travail est la « besogne », c'est-à-dire le besoin, exactement *le besoin qui satisfait les besoins qui ne seront jamais satisfaits.* Il est servitude, souffrance, mais désormais signe d'élection divine. Il n'est plus la création, l'art de l'artiste ou de l'artisan, qui s'engage dans le produit, qui met sa main et sa vie dans celui-ci, puisque le travail de l'ouvrier est perdu, noyé dans l'immense division du travail et l'immense complexité des produits, laquelle fait que le temps du labeur n'a plus de sens créatif. Ce sens disparaît dans le slogan « Travailler plus pour gagner plus », qui est une horreur. Penser que l'homme est sur terre pour « travailler plus et gagner plus » lance un cycle de production-consommation dénué de toute humanité.

Un mot ici sur la notion de dette. Le capital est du travail cristallisé, accumulé, c'est le grand message de Marx après Ricardo. Le crédit, la dette donc, est la contrepartie de ce capital. Si le travail est la punition d'une faute originelle, il est juste de lier la dette, du travail accumulé, et la faute. Nietzsche : « L'humanité a également reçu en partage, avec l'héritage des divinités, de la race et de la tribu, celui de la pression des dettes impayées et du désir de les liquider. » Et encore : « La notion morale fondamentale de “faute” a tiré son origine de la notion très matérielle de “dette”. » Lorsque je nais, j'ai une dette envers Dieu, mes parents, les hommes de ma société. Freud maintenant : « Chacun de nous est en dette d'une mort envers la nature et doit être préparé à payer cette dette. » Comment rembourser ? Par notre travail certes, par notre vie tout simplement, puisque nous sommes quittes au moment de mourir. « Un homme ne meurt qu'une fois. Celui qui meurt cette année est quitte pour l'année prochaine » (Shakespeare, *Henri IV*).

Et c'est ici que le capitalisme et son masque bavard, le libéralisme, font cette extraordinaire proposition d'abolir la violence, au prix de l'accumulation infinie de la dette, de la faute. Comment ? Si nous remboursons par notre travail, nous payons sans tuer les autres, sans leur prendre leur bien. Le crédit, la dette permettent la croissance du gâteau, l'échange gagnant-gagnant, où tout le monde gagne, où, contrairement au monde de la piraterie et de la prédation, ce que gagnent les uns, les autres ne le perdent pas. Le capitalisme fait cette proposition invraisemblable : tu peux me prendre quelque chose, mon travail par exemple, et pourtant je serai plus riche. Et ceci n'est vrai que parce que l'argent est devenu la fin, est devenu le gâteau lui-même, extensible à l'infini. En acceptant ce « deal », je renonce à la violence de la prédation. Je renonce au meurtre, au meurtre de la jalousie : celui des frères (Caïn et Abel), ou au meurtre de la rancœur, de l'envie, du ressentiment, du désir de la propriété d'autrui : le meurtre du père, le meurtre primitif qui, selon Freud dans *Totem et tabou*, représente le grand « big bang » de l'humanité, celui qui crée la société humaine.

La définition moderne de l'État est celle du monopole de la violence : je donne ma capacité de violence à l'État. En échange, il garantit ma vie et m'offre des titres de crédit, des signes monétaires, ce qui me permet de vivre en société avec autrui. C'est le droit régalien de battre monnaie. Et le droit de grâce lui-même, régalien tout autant, n'est que celui donné à l'État parce qu'il a pris en charge la comptabilité des dettes et des fautes. Dans le capitalisme, contrairement à la vieille société, il n'y a plus de dette personnelle, d'honneur, de suzeraineté, de filiation, il n'y a rien sinon l'échange monétaire. Le capitalisme permet de transférer les dettes (la monnaie) par le commerce. « L'argent est ce qui permet de ne plus regarder les hommes dans les yeux » (Georg Simmel). La monnaie est une créance sur les objets. Les créances sur les objets, comme les objets, circulent. Les créances (les dettes) sont impersonnelles car elles portent sur les choses. Le capitalisme est le moyen le plus radical d'en finir avec les dieux, avec les parents, *comme avec les enfants* (puisque les dettes leur sont transmises). Avec les dettes s'échange de la culpabilité. Norman Brown : « Le commerce est né de la culpabilité à partager[1]. » Freud dirait : « Le travail est une organisation de la culpabilité partagée. »

Plus la violence des hommes se manifeste, plus ils émettent des signes monétaires. C'est la thèse de René Girard, légèrement transformée par deux économistes[2], et qui explique lumineusement le pacte du capitalisme avec la violence : la monnaie contient la violence, au double sens du terme. Elle est le bouc émissaire après qui courent les hommes comme le taureau après le leurre du chiffon rouge. Les hommes subliment leur violence dans la course commune à l'argent. Course commune, *cumcurrere,* concurrence. À la moindre chute de croissance, la violence ressurgit, terrible. En 1929, par exemple. En 2008. La dernière crise

1. Lire *Éros et Thanatos*, Julliard, 1960.
2. Michel Aglietta et André Orléan, *La Violence de la monnaie*, PUF, 1980.

des subprimes est une banale crise de surproduction, les marchés ne parvenant plus à écouler le surplus de construction immobilière et allant « démarcher » (*sic*) les chômeurs et les pauvres. Rappelons que les États-Unis et le monde ne sont sortis de la crise de 1929 que par une guerre et une dépense militaire énorme, auxquelles succéda une demande intérieure tout aussi importante et liée au boom de la voiture et de l'électroménager.

La culpabilité, drame intrinsèquement lié au capitalisme… Dans le temps du capitalisme, le temps linéaire, les comptes ne sont jamais soldés. C'est pourquoi sur les marchés, sur tous les marchés, celui du travail en particulier, circule de la souffrance. Pour le psychanalyste, la névrose est définie comme une dette impayable, une dette qui ne peut jamais être soldée[1]. En fait, une personne prétendit solder les dettes et les péchés du monde par le pardon : le Christ. On mesure l'énormité de ce que l'humanité lui doit ! Le capitalisme est plus pragmatique. Il dit : que le gâteau croisse, à l'infini, et vous n'aurez de dette (de culpabilité) que vis-à-vis du « futur » ; et « demain nous serons tous morts », comme disait Keynes, donc tout sera soldé. Imaginons que toutes les dettes de quiconque vis-à-vis de quiconque soient abolies dans la croissance monétaire infinie. Il en reste une, hélas, qui est aussi évoquée par Freud, pour qui sait lire : la dette des hommes vis-à-vis de la nature. Le capitalisme fait le pari qu'elle n'existe pas. Nous ne devons rien à la nature. Elle n'est rien. Elle n'est pas un capital, car n'est capital que ce que le travail humain a transformé en capital. Nous verrons que cette dette est essentielle dans le socialisme de Jaurès : on comprend

1. D'où l'expression « dépression économique » que Keynes, grand lecteur de Freud, liait très précisément à la psychanalyse.

qu'il ait été obsédé par les questions de la violence et de la paix.

Ainsi, le capitalisme est la circulation éternelle et croissante de la violence et des fautes, afin que la violence ne soit jamais réalisée et les fautes jamais apurées.

La linéarité du temps, le continuum des marchés, le jour, la nuit, la fin des saisons, les navires qui circulent hiver comme été et les fraises sur les marchés hiver comme été, ont désenchanté le monde, totalement contaminé par les hommes, produit par les hommes, uniformisé par eux. Le catholicisme, hélas, a mis beaucoup d'eau dans ses burettes en valorisant l'action au détriment de la contemplation, *negotium* préféré à *otium*, en oubliant la confession qui autorisait un cycle joyeux de la vie entre péché, repentir, pénitence, absolution, suivis derechef du péché. Le prêtre permettait « la décharge de cette monstrueuse tension qu'est le péché[1] », monstrueuse tension qui est désormais investie dans le travail, et qui fait que les dettes, les péchés, ne seront jamais remboursées, et que le travail succédera au travail, sans fin[2]. « La bourgeoisie ne peut exister sans révolutionner constamment les instruments de production… Ce bouleversement continuel de la production, ce constant ébranlement de tout le système social, cette agitation et cette insécurité perpétuelles distinguent l'époque bourgeoise de

1. Max Weber, *L'Éthique protestante et l'esprit du capitalisme*, *op. cit.*, p. 134.

2. On dira que la durée du travail a considérablement diminué ; est-ce bien sûr ? La durée du travail de la période précapitaliste était beaucoup plus faible, non seulement à cause du nombre de fêtes religieuses, mais aussi parce que la population, majoritairement rurale, travaillait peu. À l'aube du capitalisme, on travaille dur dans les fabriques, mais la majeure partie de la population est encore exclue du marché du travail et vit en quasi-autarcie sur la terre.

toutes les précédentes. Tous les rapports sociaux et couverts de rouille, avec leur cortège de conceptions et d'idées antiques et vénérables, se dissolvent : ceux qui les remplacent vieillissent avant d'avoir pu s'ossifier. Tout ce qui avait solidité et permanence s'en va en fumée. Tout ce qui était sacré est profané[1] » (Marx). Le capitalisme est un système d'obsolescence perpétuelle, de changement, de mobilité, de transformation, de destruction créatrice. C'est là sa puissance : maintenir les hommes perpétuellement dans l'incertitude et dans le changement. Le capitalisme mène une *perpétuelle guerre civile aux hommes* ; c'est le prix qu'il leur fait payer, « la paix du doux commerce », pour qu'ils ne fassent pas la vraie guerre. Le capitalisme est bien une révolution commerciale permanente, une remise en cause perpétuelle. Changer, changer pour que rien ne change. Bien sûr, il y a une porosité entre les classes ; certains qui n'avaient rien font des fortunes, et des fortunes sont détruites, cela arrive parfois ; mais l'inégalité perdure, avec la domination, et l'impossibilité à jamais de se poser, de rester… en paix. C'est la liquéfaction des conditions d'existence, à l'image des marchés qui sont « liquides » – c'est cela un marché parfait, « parfaitement fluide », mobile, laissez faire, laissez passer, ne vous arrêtez jamais.

À ce qui précède, les socialistes ne trouvent rien à redire. Ils ont souscrit au pacte proposé par le capitalisme pour l'abolition de la violence. Vive la croissance, l'accumulation, la circulation des objets, et le transfert des dettes et des créances de génération en génération à l'infini, vive la violence sublimée dans la croissance et la productivité. À une exception près, essentielle : ils étaient

1. *Manifeste du Parti communiste.*

(ils ne le sont plus, compétitivité oblige) pour la réduction du temps de travail. La première étape vers la société socialiste est la réduction du temps de travail, disait Marx, et c'est vrai : la RTT est un coup porté à l'accumulation. Mais là aussi le socialisme a fait son temps et les socialistes sont tombés dans le piège du progrès ou plutôt du fongible perpétuel. Cette fluidité, ils la souhaitent, mais la veulent plus efficace encore, en donnant un peu de social pour faire passer les souffrances. « Je ne parlerai jamais de surpopulation tant que la terre ne sera pas cultivée comme un jardin » (Owen). Mesure-t-on l'horreur de cette phrase ? L'obsession de l'ordre qu'elle recèle ? Ordre, efficacité, éradication de tout ce qui est sauvage, des mauvaises herbes, des animaux nuisibles, irrigation des déserts, assèchement des marais, plantations d'eucalyptus ? Pourquoi ne pas respecter une forêt en soi ? Pourquoi vouloir jardiner l'Amazonie à la française ?

Et on oublie alors qu'à la linéarité idéalisée de la croissance du capital répond celle de la productivité, celle du progrès, et surtout celle des besoins, à jamais insatisfaits. La frustration perpétuelle des besoins est la condition essentielle de la perpétuation du capitalisme. Cette insatiabilité corrélative d'infantilisme et de souffrance, qu'une publicité particulièrement perverse ne fait qu'attiser, associée à la servitude volontaire et à la destruction de la nature, relève encore du pacte du capitalisme en échange de la fin de la violence.

Pour le dire différemment : tu souffriras au travail, tu ne seras jamais rassasié de biens ni de rien, ta capacité de créer et d'inventer, de faire des livres et des chansons, de chanter et de lire, sera toujours soumise à ton travail et à ta productivité, tu seras assujetti à la technique que tu crées, tu détruiras le monde que tu habites, mais, en échange, tu vivras plus longtemps en moyenne dans ton malheur, et tu cesseras de te battre contre les autres[1].

Là on reprend son souffle, on rit un bon coup, et on dit : la preuve, 1870, la colonisation, la guerre de Sécession, 1914-18, la guerre d'Espagne, 1940, la Corée, le Vietnam, l'Irak et le reste à venir. Le capitalisme a pas mal échoué sur la question de la paix. « La faute aux dictatures », disent les gens de bien. « Les démocraties ne font pas la guerre. »

Sauf que le capitalisme ne propose pas la démocratie, dont il n'a que faire, l'histoire passée et celle de la Chine le prouvent amplement. L'individu détenteur de droits, qui émerge avec la Renaissance et le libéralisme économique, en réaction aux épouvantables guerres de Religion qui ensanglantèrent l'Europe, n'est pas indispensable. Sans doute le capitalisme a-t-il surfé sur l'individualisme mais il n'a pas besoin des individus citoyens. Il lui faut des individus consommateurs, ce qu'avait pressenti Tocqueville qui annonce dans *De la démocratie en Amérique* l'émergence d'individus libres certes, mais libres de consommer ce qu'on leur offre, c'est-à-dire une pseudo-variété de produits identiques, Pepsi versus Coca ou Bouygues versus Orange. C'est, dit-il, « la foule innombrable des hommes semblables et égaux qui tournent sans repos sur eux-mêmes pour se procurer de petits et vulgaires plaisirs dont ils emplissent leur âme ». Ce jugement un peu « aristocratique » ne doit pas faire oublier une réalité qui s'éloigne de la démocratie. Naît sous nos yeux un monde « apoli-

1. Ainsi, les sociétés qui ne tuent pas la nature, les parasites, comme les Indiens d'Amérique, où l'altruisme et l'imaginaire collectif imposent le respect absolu de la nature et de sa beauté, sont aussi celles où « la guerre permanente est l'état de nature » (Pierre Clastres, *Archéologie de la violence. La guerre dans les sociétés primitives*, L'Aube, 1977).

tique » où la consommation décidée par quelques féodalités tient lieu d'existence consciente pour la masse[1] ; où la surveillance, la contrainte douce, la mise en cartes, le cybercontrôle prennent des proportions ahurissantes. Bref, le capitalisme s'accommode d'un « despotisme bienveillant ». Comme les consommateurs.

Les socialistes sont issus des républicains de 1789 et de 1848. D'emblée, la société industrielle leur pose des questions laissées en suspens par la Grande Révolution, le travail, l'exploitation, la misère. Ils répondent, et avec eux les entrepreneurs paternalistes et les chrétiens sociaux. Ils en laissent en suspens plusieurs.

Que faire contre la perversité de la société de consommation et la servitude volontaire, dévoilées dans les révoltes des altermondialistes et des indignés, et la grande révolte de 1968 ; contre la frustration organisée et le mal-être soignés par toute une industrie de la psyché, quand cette industrie traque les neurones disponibles dans le cerveau pour leur faire aimer Coca-Cola ?

Que faire contre la destruction de la nature ? Le logiciel socialiste est bloqué sur la croissance. Réponse : la croissance verte. Est-ce bien la sortie du capitalisme ? Il est à craindre que non, dans la mesure où la rareté est le fondement de l'économie : la rareté matérielle croissante ne fait que conforter la vision économique et marchande de l'économie, où tout, désormais, depuis l'air qu'on respire jusqu'au moindre animal en passant par la moindre minute passée dans une forêt ou à contempler un paysage, peut faire l'objet d'un contrat marchand.

---

1. Merci, M. Jobs, de nous faire bouffer de l'iPhone, puis de l'iPad.

Quid du sens du travail ? On peut être parfaitement aliéné en faisant de la croissance verte, rose ou bleue, ou noire comme aujourd'hui.

Mais la principale question reste celle de la violence humaine, cette violence fondatrice des sociétés, et de sa sublimation – avec celle de la libido – dans le travail et la production. Keynes disait : « Il vaut mieux exercer sa tyrannie sur son compte en banque que sur ses voisins. » Exact. Réflexion très libérale ! Et encore, en substance : « Un entrepreneur est un individu qui n'a pas pu canaliser son abondante libido dans les métiers nobles, artiste, écrivain, peintre, dramaturge, ou chercheur. » Exact encore. Et des penseurs comme Norman Brown ou Herbert Marcuse[1] s'engouffrèrent dans la brèche pour dénoncer l'aliénation capitaliste, non seulement celle des objets – les objets vivent à la place des hommes, s'échangent contre d'autres objets pendant que leurs producteurs n'échangent rien sinon de l'argent, et perdent leur vie à la gagner –, mais surtout l'aliénation de la libido, Éros, détournée vers la production, avec sa sœur à la fois jumelle et ennemie, la pulsion de mort, Thanatos.

Certains « socialistes » (Georges Sorel) assumaient pleinement et voyaient dans la destruction violente du monde établi un instant cathartique qui remettrait l'humanité sur ses pieds. On a vu le résultat avec Staline et Pol Pot. Quiconque a lu *Que faire ?* de Lénine perçoit, bien au-delà de l'organisation militaire du parti, le désir d'en découdre avec la classe dominante et de l'anéantir. À société violente, réponse violente. Car le capitalisme ne sait pas détourner définitivement la violence dans la production. Tout va bien tant que tout va bien mais dès que la surproduction

1. Norman Brown, *Éros et Thanatos*, Denoël, 1973 ; Herbert Marcuse, *Éros et civilisation*, Minuit, 1963.

menace, l'accumulation débouche sur la rivalité, l'impérialisme, la contradiction des puissances, puis sur le conflit. La guerre est la continuation de l'économie par d'autres moyens. Mais que proposez-vous d'autre, amis socialistes, à part « le capitalisme porte la guerre comme la nuée porte l'orage » (Jaurès), ou bien « la guerre est faite pour les marchands de canons » (air connu et n'est que partiellement vrai, la guerre est également faite pour les hommes qui adorent s'étriper), ou encore « entre le capitalisme et la guerre, il existe un rapport de connexion, ces deux puissances de mal naissent l'une de l'autre et ne disparaîtront que l'une avec l'autre » (Léon Blum), slogans généreux qui ne font pas avancer la tranchée d'un centimètre ?

Il y a une autre réponse socialiste à la violence sublimée dans la croissance, c'est la fraternité. Fraternité... Autrement dit, « revenons au Christ », que le capitalisme a fort poliment renvoyé chez lui à côté du Saint-Esprit, en promettant aux hommes d'être éternels, d'être des dieux, comme le vieux Prométhée, rien que ça ! Qu'est-ce que la fraternité ? Quand le méchant est là, tendons-lui la joue ? Il faudra bien un jour donner un sens au mot fraternité, si l'on veut faire avancer le « socialisme »... Il faudra trouver une fraternité concrète, et peut-être un peu obligée, comme dans le camp d'en face l'échange crée du doux commerce obligé ! On attend la carte du Tendre socialiste pour des gens qui ont la violence au cœur.

Enfin, dernière question qui est également résolue par le capitalisme (ça en fait beaucoup ! On comprend le succès de la bête !), celle de la technique. Quel rapport socialiste à la technique, au-delà du sempiternel « cela peut être bien ou mal, il suffit de faire le tri, on verra plus tard ». Non, on ne verra pas plus tard, tout le problème est là. On verra plus tard est la réponse capitaliste : travaille pour être le plus riche du cimetière, accepte le changement technique perpétuel, vive la technique qui augmente la productivité, et tu verras plus tard, t'inquiète pas, la technique résoudra les problèmes de fonte des glaciers et de gaz à effet de serre.

Plusieurs « sorties » du capitalisme ont été proposées. Voyons les « sorties » libérales, optimistes d'abord, les sorties par le haut :

Jean-Baptiste Say ou l'éternel optimisme. Les ressources sont inépuisables, le progrès est infini, la destruction créatrice n'a pas de trêve, l'éducation augmente avec le bien-être. Variante : Alain Minc, les ressources ne sont pas inépuisables, mais le progrès technique infini fait comme si elles l'étaient. Demain l'énergie solaire, puis nanosolaire (chaque homme émettant sa propre énergie positive) et de toute façon « l'humanité déménagera vers les étoiles » (*Bouvard et Pécuchet*, et plus récemment Pascal Bruckner qui part avec eux[1]).

Marx ou la foi. Croissance des forces productives, fin du travail et de l'exploitation de l'homme par l'homme, la fraternité et l'art généralisés. Abolition du travail et du temps, des contradictions (de toutes les contradictions, travail/loisir, art/travail, intellectuels/manuels, artistes/travailleurs, patrons/salariés, et même vie et mort si l'on lit entre les lignes) et fin de l'histoire. L'homme ne jouit plus que de la jouissance d'autrui et la violence est définitivement abolie. Encore *Bouvard et Pécuchet.*

Keynes ou l'hédonisme. La productivité du travail permet une civilisation des loisirs consacrée à l'amitié, aux arts, à la recherche, au sexe aussi. La monnaie est devenue « fondante[2] » pour interdire l'accumulation. Il n'y a plus de

1. Pascal Bruckner, *Le Fanatisme de l'apocalypse*, Grasset, 2011.
2. Duboin, Gesell, Latouche…

croissance. Tout est pour la recherche de la beauté et de l'inutile, en particulier de la connaissance pour la connaissance. Variantes : John Stuart Mill, ou la stationnarité acceptée, Rifkin, Latouche ou les adeptes de la décroissance. Les altermondialistes. À suivre.

Les sorties par le bas :

Malthus ou l'éternelle pauvreté. La terre transformée en bidonville, une majorité d'humains vit sur des dépotoirs, l'eau est devenue rare, la population est régulée par les épidémies et les guerres. Les révoltes sont incessantes, parce que les classes supérieures suscitent l'envie. Les classes inférieures ne peuvent plus accéder aux rares biens accaparés par les nantis, les dernières forêts par exemple. Variante : *La Possibilité d'une île* de Michel Houellebecq. L'élite se retranche et se clone, se reproduit à l'infini, tandis que des sous-hommes rares et malades hantent une terre dévastée. Ainsi le capitalisme a réalisé son pari : la vie éternelle de quelques privilégiés au prix de l'abrutissement des masses malades et répugnantes[1].

Lévi-Strauss ou l'implosion démographique. Dans un discours à l'Académie française[2], Lévi-Strauss rappelle que les démographes ont prévu un pic de population pour les années 2050. L'humanité (10 milliards à peu près) pourrait alors disparaître rapidement, disons à l'échelle de quelques siècles. « Elle aura exercé ses ravages sur la diversité cultu-

1. À Davos, un patron, dont on taira le nom par mansuétude, commence sa conférence ainsi : « Bientôt l'homme vivra cinq cents ans. » Si ce n'est pas le mythe de la vie éternelle qui est promis par Davos, cela y ressemble. Petit paradoxe que m'avait proposé le père Badiou et que je soumets au lecteur, celui de la vie éternelle. Si la vie est éternelle, la probabilité de disparaître par accident (dans la mesure où existe encore une part, même faiblissime, d'incertain) est égale à un. Donc la vie éternelle est impossible.

2. Le 13 mai 2005.

relle mais aussi biologique, en faisant disparaître quantité d'espèces animales et végétales » et le vieux savant (96 ans) de la comparer à ces vers de farine « qui s'empoisonnent à distance dans le sac qui les enferme bien avant que la nourriture commence à manquer ». Elle ne supporterait plus de « ne plus pouvoir jouir librement de ces biens essentiels que sont l'espace libre, l'eau pure, l'air non pollué ».

Enfin, Freud ou l'apocalypse. C'est un message absolument terrible que celui du maître de Vienne. Dans la dialectique Éros/Thanatos[1] qui définit l'histoire, et la marche de la civilisation, la pulsion de mort finit par l'emporter. La pulsion de mort est consubstantielle à l'humain, le capitalisme étant le moment où elle se trouve muselée par la culture[2] et canalisée dans l'accumulation. Pourquoi ? L'homme est masochiste, il jouit de sa propre servitude au travail (ce qu'avait parfaitement anticipé Max Weber). Mais il est sadique également, et son sadisme se reporte sur la nature dans la mesure où il ne peut plus l'exercer sur les autres hommes. « La maison brûle et nous ne faisons rien » exprime un constat qui évoque aussi la jouissance procurée par la vision du feu et de l'apocalypse. Heureusement, le désir de vivre et la culture tempèrent cette pulsion. Qui, d'Éros ou de Thanatos, aura le dessus ? Freud, dans la première édition de *Malaise dans la civilisation*, ne répondait pas. Dans la seconde, qui sort au moment où les nazis prennent le pouvoir, il pense que la pulsion de mort gagnera. Et il évoque la termitière, métaphore de l'État nazi, où tout le peuple (les ouvrières) est au service du guide (la reine). La technique a totalement triomphé de l'homme et l'a entièrement asservi. Remplaçons la reine

1. Voir *Malaise dans la civilisation*, *op. cit.*
2. La technique est la forme première de la culture, rappelle Freud.

par le Capital ou l'Argent, et la similitude est totale. Dans ce cas, que l'homme soit ou non éternel, comme le rêvent les transhumanistes, qui imaginent des êtres remplis de puces antivieillissement des pieds à la tête, ne change absolument rien, car il a disparu en tant qu'homme. Pas très réjouissant[1]. Que répondre ?

Que répondre à toutes ces questions posées par le capitalisme ? La lutte contre la mort, la technique, la destruction de la nature, la servitude au travail, l'insatiabilité puérile ? Quid, camarades ?

---

1. D'autant qu'il existe une ressemblance troublante avec la société communiste telle qu'évoquée par Zizek (Cf. A. Badiou et S. Zizek, *L'Idée du communisme*, Éditions Lignes, 2010) à partir de la célèbre nouvelle de Kafka, « Joséphine et le peuple des souris ». Chaque souris chante exactement comme Joséphine, qui est le collectif des souris, le tout devenu l'un et inversement. Personne ne meurt, car la mort de l'une est celle d'une souris identique aux autres.

CHAPITRE 3

L'acmé du socialisme

> « Tu ne convoiteras point la maison de ton prochain, sa femme, ni son serviteur, ni son bœuf ni son âne, ni aucune chose qui lui appartienne… » Aujourd'hui, la règle serait l'inverse : « Tu dois désirer ce que les autres ont déjà ; et si tu ne peux le faire par des moyens légaux, tu dois le voler ou le redistribuer. »
>
> Peter Sloterdijk

Si le socialisme est du concret et non du bla-bla, le moment socialiste français s'arrête en 1945, avec la mise en pratique du programme du CNR. Ce programme est fondé sur quatre notions profondément socialistes : le comité d'entreprise, les nationalisations (la propriété publique du capital et la nationalisation du crédit), la planification, et enfin la Sécurité sociale (la mutualisation des risques liés à l'activité, au chômage, à la retraite, à la maladie, à la famille, à la vie tout simplement). À ce moment-là, le socialisme est à un sommet : les travailleurs, les humbles, les pauvres sont enfin pris en charge par la société. La France vient de rattraper son retard en matière de sécurité sociale. Comme toujours – comme pour l'enseignement primaire par exemple à la fin du XIXe siècle, très en retard sur les autres pays européens, l'Allemagne et la Grande-Bretagne en particulier –, elle les rattrape et les dépasse.

La Sécurité sociale en termine avec l'incertitude qui ronge la vie des classes les plus faibles. Or l'incertitude est un des moyens du pouvoir et même du pouvoir dictatorial. Comment les nazis tenaient-ils leurs camps avec si peu de gardiens ? Par l'incertitude perpétuelle[1]. La proclamation, tout à fait calculée, du patronat dans les années 90 au droit au risque, et la distinction morale entre « riscophiles » et « riscophobes » étaient remarquables ; enfin les dirigeants osaient s'attaquer au cœur du problème social, ils voulaient en finir avec le refus de maintenir les salariés dans l'incertitude, qui est le fondement du pouvoir. A contrario, la loi des grands nombres, qui mesure et anticipe les risques, est socialiste. Adolphe Quételet, le statisticien belge, théoricien de l'« homme moyen » et de la loi des grands nombres appliquée aux phénomènes sociaux, a fait plus pour le socialisme que tous les utopistes et scientistes réunis. On laissera méditer les nietzschéens sur cette phrase[2]. Pour le dire plus clairement, la transformation de l'État en compagnie publique d'assurances – toute compagnie d'assurances étant fondée sur

1. Lire le magnifique livre de Bruno Bettelheim, *Le Cœur conscient* (Robert Laffont, 1960), pour comprendre l'utilisation de l'incertitude perpétuelle comme technique de tyrannie. Nous avions repris ce thème avec Philippe Labarde dans *Malheur aux vaincus, op. cit.*, pour l'appliquer à certain type de management par le stress, ce qui nous valut bien des reproches ! Aujourd'hui, on impute les suicides chez France Télécom au patron… Les temps ont changé.

2. Allusion aux sautillements du « dernier homme » dans *Zarathoustra*, qui n'est autre que l'homme moyen ; et on les renverra au livre de François Ewald, *L'État-providence*, Grasset, 1986.

les tables de mortalité et la loi des grands nombres – permet de « collectiviser » les risques autrefois subis par les individus.

La socialisation du risque fut le saut qualitatif majeur que l'État-providence accomplit avec la loi fondamentale sur les accidents du travail de 1898 pour l'adoption de laquelle Jaurès joua un rôle éminent. À partir de là, il est admis que vivre en société implique des risques qui doivent être pris en charge par cette même société. C'est la mutation historique qu'accepte le capitalisme, de force. Détricoter l'État-providence et la Sécu deviendra le travail inlassable de tous les gouvernements de droite depuis 1945. Cet État est devenu tellement providentiel que l'on a vu des familles de militaires porter plainte contre lui parce que leur enfant, engagé volontaire, a été tué au combat en Afghanistan… Qui pouvait imaginer, en 1918, après 1 400 000 morts, que l'État pourrait un jour avoir à rendre des comptes pour un mort au combat ?

De 1789 jusqu'au second conflit mondial, les républicains et les socialistes avaient mené d'autres luttes : pour la liberté de la presse, la liberté syndicale, le droit de grève, la séparation de l'Église et de l'État, le suffrage universel, l'impôt sur le revenu, l'élection des maires ; des combats tout court, dans les journées de juillet 1830, en 1848, en 1871 avec la Commune ; un grand combat pour les droits de l'homme avec Jaurès et l'affaire Dreyfus. Mais les droits de l'homme ne suffisent pas à définir le socialisme, parce qu'ils sont autant sinon plus accaparés par les libéraux, au nom de l'individualisme et des particularismes ; lesquels sont autant de pierres jetées dans le jardin du collectif, et ouvrent la voie aux communautarismes, lesquels à leur tour conduisent aux heures réservées de piscine pour les femmes voilées (Martine Aubry), au refus de voter la loi sur la burqa (François Hollande), aux régimes culinaires particuliers ou au refus des femmes de se laisser examiner par des médecins mâles. Les droits de l'homme – bravo, qui ne s'indignerait de la torture, ou des peines plancher, ou de la pénalisation de la folie – sont aussi le faux nez de l'obsession individualiste et narcissique absolument indispensable à la survie du capitalisme. Combattre pour les droits de l'homme, oui, bien évidemment ; mais pas seulement pour ces droits, et ne pas oublier que le premier de ces droits, soi-disant « sacré », est la propriété privée. Or pas de socialisme sans remise en cause de la propriété privée.

Le premier conflit mondial puis le second ont socialisé l'économie sans la rapprocher du socialisme. Une économie où, comme aujourd'hui, plus de la moitié de la richesse passe dans la collectivité publique avant d'être redistribuée est à tout le moins « étatisée ». En 1914, la dépense publique représentait moins de 10 % du PIB, 9 % environ. Cette dépense était presque exclusivement militaire et policière. Pour être exact, une petite partie du budget concernait les transports qui, comme la police, l'armée, la justice et les affaires étrangères, ont toujours relevé du domaine régalien. Keynes, toujours en 1914, disait qu'une économie où la dépense publique représenterait plus de 20 % du PIB changerait de nature, deviendrait socialiste. Il se trompait. Giscard, peu avant d'être élu en 1974, penchait pour 40 %. Il se trompait aussi. Aujourd'hui, la dépense publique – État, Sécurité sociale, collectivités territoriales – représente 55 % du PIB. Les deux guerres ont bouleversé les économies mondiales, et particulièrement l'économie française, qui n'est pas pour autant devenue une économie publique, contrairement à une idée reçue. La France de 1914, avec ses petits 9 % de dépense publique, était beaucoup moins ouverte que la France d'aujourd'hui. Non seulement ouverte sur l'extérieur, mais sur l'intérieur. L'autarcie, l'autoconsommation, le travail domestique, non valorisé, hors marché donc, étaient considérables. Les femmes ne travaillaient pas. Ou plutôt elles travaillaient énormément, à la campagne notamment, mais leur travail n'était pas comptabilisé dans la richesse du pays. La guerre a fait entrer l'État en force dans l'économie, en même temps que le marché. *Le marché et l'État ont crû de conserve.* Et la guerre a fait beaucoup plus, infiniment plus pour le social et le progrès médical que toutes les révoltes ouvrières. Lorsqu'on observe l'évolution de la dépense publique depuis un siècle, on voit une croissance régulière de 9 à 55 %, avec deux sauts après les deux grandes guerres, et un saut après la grande crise de 1930 : la guerre et les crises rythment la croissance de la dépense publique, *sans que la part du marché diminue, au contraire.* La division internationale du travail, la part du commerce extérieur dans les produits nationaux et la part des échanges monétaires et financiers ne cessent d'augmenter depuis 1914, avec une inflexion dans les années 30. Les communistes avaient une expression très juste, malheureusement démodée, pour désigner le système de production capitaliste contemporain. Ils parlaient de « capitalisme monopoliste d'État ». Je dirais aujourd'hui « capitalisme monopoliste et financier d'État tourné vers l'extérieur », pour bien marquer la mainmise financière sur l'économie et souligner que la « socialisation » d'une économie n'interdit pas, au contraire, le bon fonctionnement du capital.

Environ 45 % du produit national passe dans les caisses publiques. Ils n'y restent pas. Les collectivités publiques les redistribuent. Mais elles s'arrogent le droit de les prendre aux uns pour les restituer aux autres. On sait qu'en France ce sont plutôt les classes moyennes qui payent, les nantis qui ne payent pas, tandis que les plus pauvres reçoivent. En longitudinal et non plus en transversal, ce sont les jeunes qui payent pour les anciens, alors que ceux-ci leur laissent un monde qu'ils n'ont pas choisi.

Une économie socialisée peut donc être à l'opposé d'une économie socialiste. Elle peut être antisocialiste, et c'est le cas de l'économie française, puisque le prélèvement obligatoire doublé des cadeaux fiscaux faits aux uns plutôt qu'aux autres n'est même pas neutre, mais antiredistributif. Une économie socialisée peut même être franchement féodale. Par exemple, si elle donne de l'enseignement gratuit ou quasi gratuit, ou de la santé gratuite ou quasi gratuite, aux nantis qui ont un accès réservé à cet enseignement ou à cette santé. Les classes préparatoires, réservées aux enfants de l'élite, sont gratuites. Elles permettent aux enfants de l'élite d'intégrer les grandes écoles, donc de reproduire l'élite comme le faisait le bon vieux système du lignage. La médecine de pointe, maintenant. Elle n'est pas encore réservée aux très riches grâce à l'hôpital public, mais elle coûte aux uns comme aux autres la même chose – et c'est d'ailleurs ce qui choque certains libéraux au nom de l'« équité ».

Une économie semi-publique, la nôtre, peut donc respecter les canons de la croissance capitaliste la plus aveugle : accumuler pour accumuler, fabriquer des avions, des centrales nucléaires, des fusées, des armes, exporter de l'agriculture à base de pesticides, détruire l'environnement et mener une guerre civile interminable aux villes et à leurs habitants à travers ces incessants travaux qui ruinent leur bien-être.

Mais avec les grandes réformes de 1945, la « sociale » semble enfin réalisée. Bien sûr, il y aura d'autres « avancées » ou « acquis » sur la durée du travail, la retraite, les indemnisations, le salaire minimum (Guy Mollet), la troisième semaine de congés payés (Guy Mollet), le RMI (Rocard) tout à fait honorables et non négligeables. Un des derniers grands progrès fut la CMU (Jospin, 1999), la gratuité des soins pour toute personne en situation régulière sur le territoire français, encore une avancée de la « sociale », l'une des plus fortes, les plus symboliques. Gloire à Jospin ! Mais le plus dur, si l'on peut dire, est fait en 1945.

Après avoir perdu, ou plutôt s'être retirée de la guerre civile – il n'y aura plus de « grand soir », de moment « bolchevique », les bourgeois ne seront pas liquidés comme en Russie. Jules Moch et le Plan Marshall ont ancré la France à l'Ouest –, la gauche a gagné la « sociale ». Gagné ou perdu ?

En fait, c'est le capitalisme qui a triomphé le capitalisme dit « fordiste », où les gains de productivité sont à peu près honnêtement partagés entre salariés et patrons. Les Français vont s'enrichir, considérablement. Ils adoptent le modèle américain, fondé sur la voiture, l'immobilier et l'équipement ménager. Ils partent avec leur voiture dans l'Espagne pauvre qui ne connaît encore ni les automobiles ni les autoroutes. Ils l'urbanisent, avant les Allemands. Au-delà de la voiture et du béton, que peut alors proposer la gauche, et notamment les socialistes ?

Lorsqu'on regarde l'histoire de la France depuis 1945, on a le sentiment que la gauche ne sait plus sur quels sables mouvants danser. Le Conseil national de la Résistance (CNR) a fait la « sociale », les gaullistes la décolonisation. Mai 68 lui a échappé (litote), achevé dans la triste banalité d'une hausse du Smic laminée par deux ans d'inflation. Mai 68 exprimait une pensée radicale, radicalement anticapitaliste – la droite ne s'y est pas trompée, qui, encore en 2007, durant la campagne présidentielle, en fit sa bête noire –, dont le ministère du Temps libre et les 35 heures furent la lointaine réminiscence. Inutile de dire que Mai 68 est aujourd'hui totalement rejeté pratiquement par toute la gauche et les socialistes, au nom de l'efficacité, de la gestion et du reste, alors qu'il annonce la décroissance et le combat écologique. Un « baba-socialisme » peut-être, mais une pensée radicalement subversive, radicalement anticapitaliste[1].

Enfin, en 1989, la chute du Mur porte un coup terrible à la pensée socialiste. La gauche regarde le grand vent de la mondialisation lui souffler sous le nez quelques belles valeurs qu'elle croyait siennes, comme la liberté et l'internationalisme ; désormais la liberté, la mobilité, le progrès, l'internationalisation baptisée mondialisation, le niveau de vie, le laisser-faire, « il est interdit d'interdire »... appartiennent à la droite. Et laissez-vous enrichir par le travail des petites mains chinoises, ou tchèques, ou roumaines, ou marocaines. François Mitterrand, inquiet de la chute du Mur, reçoit Helmut Kohl en décembre à Latché, lui propose une vague confédération incluant les pays de l'Est non encore tombés, puis se précipite en janvier en Hongrie pour un super-voyage officiel avec tous les hiérarques, tous les grands ministres, pléthore de chefs d'entreprise, et le publicitaire Séguéla en pompom girl, pour rien, pour rebrousser piteusement chemin, et pour échanger précipitamment la réunification de l'Allemagne, *dont les Anglais ne veulent pas*, pas encore, pas sans conditions, contre l'euro, croyant gagner par la paix des monnaies l'union politique à terme ; en échange de quoi il consacre l'indépendance et la suprématie de l'ennemi héréditaire, il balaye la Seconde Guerre d'un revers de main et installe la France dans une guerre économique perdue d'avance avec son

1. Qui fait tellement peur que l'on ira persécuter quelques crypto-situationnistes en la personne de Julien Coupat, rendu coupable d'une atteinte à la sûreté de l'État...

puissant voisin. De 1983 et du tournant de la rigueur et de l'acceptation d'une monnaie forte absolument pas adaptée à la structure de l'économie française date la première désindustrialisation de la France[1]. De 1989, la seconde. Comment maintenir le pouvoir d'achat ? Par l'endettement. « Augmentez nos salaires ! » scandait, du temps de Pompidou, la CGT devant les locaux du patronat, avenue Pierre-Ier-de-Serbie. Vous voulez des hausses de salaires ? Avec la désindustrialisation et la mutation vers une économie financière, la sueur des Chinois sera le pouvoir d'achat des Français. Mitterrand a tué en deux coups de couteau dans le dos l'économie française, au profit des Allemands.

Le socialisme avait gagné en 1944, en tout cas accepté un pacte implicite de non-agression avec son ennemi, de gestion commune, de cogestion de la croissance et de la répartition des « richesses » ; mais le capitalisme le dénonce dès 1973, trente ans plus tard, avec Nixon qui rétablit la guerre des monnaies et la liberté financière en dévaluant le dollar. Quarante ans plus tard et après une extraordinaire crise financière, qui commence à peine, se dessillent jusqu'aux yeux des plus obtus – il ne reste guère que le socialiste Pascal Lamy pour croire encore aux bienfaits de la mondialisation. Bien entendu, il n'y a pas de « complot », simplement les grandes pulsations cinquantenaires du capitalisme, si bien analysées par l'économiste Kondratieff[2]. Le modèle de croissance fordien est mort.

Le pacte fordien de répartition à peu près égale des gains de productivité entre salariés et capitalistes n'existe

1. La monnaie forte n'est pas seule en cause, mais elle a bigrement accéléré les choses.

2. Théoricien des cycles cinquantenaires fondés sur des inventions majeures, théorie reprise par Schumpeter. Disparu au Goulag.

que s'il y a, précisément, de la productivité à partager, autrement dit de la croissance. La chute de la croissance réelle, compensée par une croissance artificielle liée à l'endettement, a un terme : l'endettement excessif précisément. On peut créer du pouvoir d'achat par l'endettement tant que celui-ci est supportable, autrement dit tant que les créanciers (aimablement appelés « les marchés ») *peuvent espérer recouvrer leur dû.* Lorsque le gâteau à partager se réduit, le compromis n'est plus possible. Et lorsque la question de l'endettement s'ajoute à celle de la décroissance involontaire, c'est le pire scénario qui se profile, exactement comme en 1930. Obsédés par l'efficacité et la gestion, les socialistes n'ont pas pensé la crise présente, qui pourtant est de la plus banale espèce enseignée par les manuels marxistes : saturation de la demande et surproduction.

Et non seulement la gauche et les socialistes couraient derrière les beautés et bontés du commerce international – certains, aujourd'hui, timidement, redécouvrent le protectionnisme – mais ils se laissaient voler au passage par la droite un autre message de Mai 68, le message écologique. Il ne peut y avoir de mariage entre l'économie et l'écologie. C'est impossible. Ce sont deux notions antinomiques, aussi antinomiques que le travail libre et choisi et le capitalisme. La gauche ne le sait pas. La droite le sait. Elle a donc aussitôt proposé un *deal.* L'écologie ? Faisons d'abord un Grenelle de l'environnement, puis un marché du CO_2, et le tour est joué. Vendons du droit à polluer. Qui ne peut comprendre que ce marché de la pollution est la négation même d'une volonté écologique ? qu'un marché de la pollution est plus anti-écologique, immoral, de même qu'un marché de l'éducation serait anti-éducatif ? Au nom du *possibilisme*, du petit pas, du petit à petit, les socialistes répondront qu'il faut accepter le marché de la pollution, en attendant. Quoi ? Que le marché ne vende plus que du poison, de la mort en conserve, comme il le fait partout ? L'humain est hors de l'économie, l'inhumain dans l'économie : Marx, Jaurès, Blum ont rabâché le message. Ce qui permet de comprendre a contrario que l'humain est (peut-être) dans l'écologie. L'écologie démontre que l'on ne peut pas composer avec le capitalisme. Il faut lui faire la peau, ou il nous la fera.

Nus, dépouillés par la droite, les socialistes, qui comprenaient parfaitement le monde du XIXe siècle et portaient le progrès social dans le combat politique, ont laissé passer la deuxième moitié du XXe, faute de voir où poser les pieds et contre qui frapper. Oui, de meilleures conditions pour les retraités les plus pauvres, le mariage des homos, l'abolition de la ridicule loi Hadopi, la suppression de la nomination des patrons de chaînes et radios publiques, le droit de vote des immigrés, quelques éoliennes de plus et quelques centrales en moins, mais tout cela, la droite est capable de le faire – comme elle fit une loi sur la burqa et un Grenelle de l'environnement. Mais où est la seule réforme qui pourrait justifier le mot « socialisme » ?

Non seulement les socialistes ont abandonné le combat social, mais ils se sont engagés dans un combat douteux, une nouvelle surenchère guerrière après les guerres d'Indochine et d'Algérie, celle de la surenchère économique : la libération des marchés financiers, l'acceptation de l'Europe comme simple zone de concurrence, la politique du franc fort et l'obsession financière dont le sommet fut le ministère Bérégovoy. Vous allez voir, gens de droite, vous nous prenez pour de piètres gestionnaires, nous sommes encore meilleurs que vous ; souvenez-vous, comme le disait un tract du Parti socialiste en 1988, « que nous vous avons fait aimer l'entreprise ». Nous allons vous faire aimer la rigueur, l'équilibre budgétaire, la réindustrialisation, la limitation ou la baisse du pouvoir d'achat, la monnaie forte, la compétitivité, la flexisécurité, la qualification du travail, bref l'économie.

Disons la vérité : non seulement le socialisme ne veut plus détruire le capitalisme, mais il a été contaminé par lui jusqu'aux os et souffre d'économisme, cette maladie grise. Il se croit obligé d'apporter quelque chose de plus efficace, de plus gestionnaire. Il propose un capitalisme meilleur, maintenant que les syndicalistes révolutionnaires, les communistes et autres, soit sont morts, soit ne rêvent plus du « grand soir ». C'est le destin de tout révolutionnaire.

Après tout, les libéraux eurent aussi leur moment révolutionnaire, avec la loi Le Chapelier (« la loi terrible », disait Jaurès) et le décret d'Allarde, anéantissant les corporations et tout ce qui pouvait être « collectif » dans une société où il n'existait plus qu'une poussière d'individus libres et égaux. Et depuis, leur moment révolutionnaire passé, les libéraux luttent perpétuellement pour détruire tout ce qui ressemble à du collectif. Les socialistes sont-ils réduits à faire le chemin inverse : construire, reconstruire inlassablement du collectif ? Ils peuvent d'abord retricoter cet État-providence que les libéraux détricotent. Pénélope de nuit : le libéral, Pénélope de jour : le socialiste. Très bien ! Toute défense de l'État-providence est une défense du socialisme. On dira : défendre l'État-providence en temps de guerre économique, c'est comme désarmer et défendre la paix avant la guerre. C'est l'argument libéral.

Les socialistes peuvent-ils envisager un collectif différent du « social » de la Sécurité sociale, imaginer autre chose qu'une conception assurantielle de la vie ? Mais quel imaginaire collectif créer ? Le libéralisme est en train de détruire toute forme collective de la société, pour transformer les hommes en individus cynico-narcissiques branchés en continu sur leur téléphone mobile, en attendant de circuler dans leur scaphandre à oxygène. Est-ce ainsi ? Pourquoi le moyen est-il devenu le but, encore une fois ? Le slogan pervers et soi-disant stalinien « La fin justifie les moyens » n'est que le slogan du marché[1] : sois efficace, avance, sois compétitif, avance, tu verras plus tard où tu vas.

Les socialistes ont un autre handicap. Contrairement aux communistes, qui doutent de la capacité de l'humanité à faire son bonheur toute seule, et contrairement aux libéraux, fondamentalement pessimistes eux aussi et qui pensent que les individus sont égoïstes et mauvais et que le libre jeu du marché annihilera ces tendances égoïstes et conduira à un équilibre social, les socialistes sont optimistes. Par force. Démocrates, ils sont obligés d'aller dans le sens de l'histoire et d'une amélioration de la condition humaine, en faisant confiance au peuple, lequel ne leur en fait aucune et vote à droite ! Sauf chez les anarchistes et certains écologistes, malthusiens, il n'y a pas vraiment de courant pessimiste chez les socialistes. La droite est pessimiste et ce pessimisme renvoie à l'infantilisme des citoyens, à qui on ne peut faire confiance et auxquels il faut malgré eux montrer le chemin, le droit précisément. Tout citoyen est un enfant. Un enfant ayant besoin d'être châtié. C'est même la raison pour laquelle le capitalisme triomphe : parce qu'il est infantilisant. Il est pervers et infantilisant. Pervers, car il propose sans cesse de nouveaux besoins, il aiguise à l'infini la frustration, il offre à la ménagère ce dont elle n'a pas vraiment besoin et ce qu'elle ne peut pas payer. Pervers, car il fonctionne sur la servitude

1. Et les étudiants en économie connaissent bien ce « théorème » d'identité entre une planification parfaite et un marché parfait...

volontaire et la terreur de l'incertain : travaillez, sinon le chômage. Rien n'est plus efficace, pervers et morbide que l'auto-exploitation, demandez aux salariés de France Télécom. Les socialistes n'ont pas la chance d'être pessimistes. Ils avancent vers les lendemains chantants, ou plutôt chômés, vers des jours de repos. Les congés payés furent la grande victoire socialiste, mais aussi les lois sur les retraites, le ministère du Temps libre, les 35 heures. Ils avançaient : ils n'osent plus annoncer la semaine des quatre jeudis, ridiculisée par le socialiste Chevènement. Car il faut désormais travailler pour rembourser la dette.

Les gens de droite, les vrais, sont pessimistes et geignent sur la pauvre et douce France. Éric Zemmour est pessimiste, geignard et de droite. Les gens de droite croient à l'ordre éternel des choses et dans celui-ci plutôt à la méchanceté, à la cupidité, au labeur, à la souffrance qui prépare à la rédemption des humbles. L'égalité n'est pas une notion de droite ; les hommes sont égaux devant Dieu, ça suffit bien. Les socialistes, égalitaristes, sont pour cette raison en porte à faux avec les libéraux qui, avec l'échange monétaire librement consenti (le patron choisit librement son ouvrier comme l'ouvrier choisit librement son patron avant d'aller librement au supermarché du patron), proposent une doctrine très ressemblante, un ersatz de l'égalitarisme. C'est pourquoi le libéralisme conduit aux pires inégalités[1] tandis que la doctrine, elle,

1. Il s'est même trouvé un brave Bourguignon, libéral, chef économiste ahuri de la Banque mondiale, pour découvrir, trente ans après les altermondialistes, que la mondialisation faisait exploser les inégalités au sein des pays. Qu'il est doux de voir un économiste redécouvrir l'eau chaude ! (Voir François Bourguignon, *La Mondialisation de l'inégalité*, Le Seuil, 2012.)

reste égalitaire, pardon « équitaire », pleine de notions comme le mérite, l'ascenseur social, l'égalité des chances, l'élitisme républicain… partagées par les socialistes. Franchement, qui est contre le mérite, dans la République ? *Mais qui ne voit que le mérite n'est qu'un déguisement de la compétition ?*

Les socialistes sont coincés. Ils ont désormais un vrai problème avec le libéralisme. Amis de la méritocratie, ils ne peuvent pas ne pas être libéraux ; mais en même temps ils voudraient bien rejeter le « marché » qu'ils considèrent à juste titre comme un faux nez du capitalisme, et ne promet que l'égalité de l'argent, des sommes échangées ; ils parlent alors d'économie de marché (bien) et de société de marché (mal)[1], comme si on pouvait imaginer une économie de marché qui ne créât pas une société de marché ! Ils rejettent la mondialisation, tout en acceptant l'efficacité économique, laquelle implique la liberté d'entreprendre et d'investir, donc le libéralisme économique et la mondialisation. Une économie de marché donnera une société de marché, sauf à imaginer que le marché, comme dans la vieille société précapitaliste, serait réservé à l'international, au grand commerce, tandis que la vie interne du pays serait régie par d'autres règles que l'argent et les contrats ; comme dans l'ancienne société où la corporation régnait à l'intérieur et le grand commerce à l'extérieur. Or, précisément, la mondialisation a créé l'inverse : elle a permis d'utiliser le marché intérieur des nations comme variable d'ajustement dans les échanges mondiaux. C'est cuit : avec cette pseudo-distinction économie/société de marché, on revient à la case départ, au paradoxe du socialisme, qui doit démontrer qu'il fait mieux que les libéraux en conser-

1. Lionel Jospin inventa cette distinction.

vant le marché tout en évitant que le marché, etc., ce dont personne ne lui saura jamais gré, ni à droite ni à gauche, *surtout à gauche.* Les socialistes sont sur la défensive, dans la citadelle assiégée de l'État-providence, qu'ils défendent – c'est bien – tout en appelant à la compétitivité des entreprises qui repose sur la destruction de l'État-providence. Un peu comme des assiégés qui défendraient leur citadelle en baissant le pont-levis, en l'occurrence vers l'Europe et sa saine « concurrence libre et non faussée » (on ne rit pas) et vers la mondialisation.

Au fond, les socialistes n'ont oublié qu'une chose : le combat de leurs pères.

CHAPITRE 4

Le temps des cerises

> « Je m'imaginais que tous les républicains, en poussant à bout l'idée de République, devaient venir au socialisme… C'était une illusion enfantine. »
>
> Jean Jaurès

Voilà la Grande Révolution, et les républicains qui se séparent : les uns iront vers le libéralisme, les autres vers le socialisme. Pour ceux-ci, la « sociale », la nouvelle révolution, doit achever ce que la première n'a qu'ébauché. Le réformisme, la conquête par étapes des futurs « acquis sociaux », n'a pas bonne presse. La question de la propriété est essentielle, car la révolution bourgeoise et la Déclaration des droits de l'homme et du citoyen accordent trop de place à la propriété privée, facteur d'inégalités. Il faut socialiser la propriété, revenir à la propriété commune ; le parlementarisme est honni, l'État, bras armé de la classe dominante, détesté.

Les autres, les républicains libéraux, sont de vrais républicains, sacrifiant aux idéaux de Condorcet sur l'éducation ou de Montesquieu sur la séparation des pouvoirs, et néanmoins de vrais libéraux, qui voient dans l'enrichissement du peuple un des moyens de le faire accéder à la vertu.

Guizot était bien jeune pour être un fils de la Révolution, sauf que son père fut exécuté par la Terreur pour « fédéralisme » et que sa mère l'éduqua dans les plus purs principes rousseauistes. On lui doit la loi de juin 1833 qui créa l'enseignement primaire en France et le célèbre « enrichissez-vous ». Mais il s'opposa toujours au suffrage universel. Jean-Baptiste Say est un des grands économistes, inventeur du concept d'équilibre[1] que Léon Walras développera beaucoup plus tard, si grand que c'est à lui et à lui seul que s'attaqueront Marx puis Keynes dans leur volonté l'un et l'autre de fonder une nouvelle économie politique. Moi qui déteste l'économie libérale, ses prêtres, ses gourous et ses pseudo-Nobel, j'avoue une grande révérence pour Jean-Baptiste. Je pense qu'entre Say et Marx, la frontière est beaucoup plus ténue qu'on ne le croit, n'en déplaise au barbu, qui le déteste, mais a dérobé chez lui son concept de reproduction sociale[2]. Say est lui aussi un fervent rousseauiste, lettré, tolérant, courageux – il résistera au Premier Consul – et désireux du bonheur populaire comme tout républicain. Il publia une « utopie » : *Olbie, Essai sur les moyens de réformer les mœurs d'une nation*, dont le contenu fait toujours sourire les étudiants en économie. Car, dans cette cité idéale, « les citoyens comprennent et apprécient l'économie politique ». Ô le rêve éternel des libéraux de faire comprendre l'économie aux citoyens ! Ça ne vous met pas la puce à l'oreille, camarades ? Le premier ouvrage qui leur est conseillé est un manuel d'économie. Avec celui-ci, ils apprennent à s'enrichir. Say : « On ne peut susciter le désir de donner une bonne éducation à

1. À travers la « loi des débouchés » : l'offre crée sa propre demande. L'économie de l'offre naît de la « loi des débouchés ».

2. Qu'il a transformée en reproduction élargie, contenant la théorie de la plus-value.

ses enfants à des hommes misérables, accablés du souci de l'existence journalière. On ne peut favoriser la volonté de pourvoir à l'instruction chez des indigents. » Enrichissez les gens, ils s'éduqueront. Et non seulement ils s'éduqueront, mais ils seront – dressez l'oreille – *altruistes*. De l'intérêt personnel peut naître une harmonie sociale, non pas à la manière des libéraux anglais, pessimistes, qui pensent depuis Bernard de Mandeville que le marché est essentiel pour aller à l'encontre des mauvais penchants des hommes, de leur méchanceté et de leur égoïsme, et faire leur bonheur malgré eux ; mais à la manière des libéraux français comme Bastiat, Guizot, Dunoyer qui n'ont pas oublié le message de Condorcet et pensent que le désir d'éducation complète celui d'enrichissement. Avouez que la différence est faible avec les socialistes modernes qui disent : éduquez-les, ils s'enrichiront, à tout le moins auront un « emploi ». Les socialistes modernes ont redécouvert le libéralisme républicain de Jean-Baptiste Say.

Les républicains de la IIIe République parachèveront Guizot pour le primaire ; l'accès à l'enseignement secondaire sera l'œuvre de la IVe. Mais l'accès à l'enseignement supérieur fut la conséquence de l'enrichissement d'une société, qui, après les vingt premières Glorieuses, voulut donner encore plus d'éducation à ses fils. Et les gouvernements suivirent, dans les années 60 et 70, l'explosion de la demande d'enseignement supérieur. L'une des tragédies des socialistes contemporains fut d'avoir abandonné les mots « libéral » et « libéralisme » à la droite, qui n'en a que faire. La droite est autoritaire d'abord, méfiante toujours, éducatrice parfois. Si nous ajoutons que ce courant du libéralisme, représenté par Say, qui accepte la séquence richesse-éducation-progrès moral, fut aussi farouchement anticlérical, laissant l'Ordre moral aux nostalgiques de la royauté, nous sommes encore plus proches des socialistes de 2012. Les épigones de ces libéraux sont les « radicaux », qui, après avoir fait avec Jaurès, Combes et Briand la loi de 1905, expulsèrent les congrégations religieuses ; et n'étaient pas, loin s'en faut, des « socialistes » contempteurs de la propriété privée. Pour achever de réconcilier nos socialistes avec les premiers libéraux, Say disait : « Les ressources naturelles sont inépuisables » et longtemps la doctrine du progrès infini fut celle des socialistes, ne parlons pas des communistes qui, en 1960, avec Khrouchtchev, vidaient la mer d'Aral et espéraient dépasser rapidement les États-Unis dans la course à la croissance.

Les libéraux restent les mêmes depuis Jean-Baptiste Say. Pas plus que les libéraux, le capital ne change. Le capital c'est l'argent, c'est aussi la machine, la machine qui chasse l'homme. En 1831, les salaires des canuts de Lyon s'effondrent, suite au perfectionnement des métiers à tisser. Les canuts se révoltent. Le maréchal Soult, ses vingt-cinq mille hommes et ses cent cinquante canons en tuent un millier : la question du capital technique est provisoirement résolue. Les canuts remettent ça en 1834 et le drapeau noir flotte sur Fourvière. L'émeute s'étend à Paris. Six cents morts, dix mille prisonniers. Cela se passe du côté du Marais et de Beaubourg, les quartiers populaires d'antan. Massacres d'enfants. Bugeaud égorge, à la tête d'une quarantaine de milliers d'hommes, Bugeaud-la-casquette des futures colonnes infernales en Algérie, encouragé par Thiers (on en reparlera en 1871). Bugeaud résout à son tour la question du capital substitué au travail laissée en suspens par Soult. Mais comment un socialiste peut-il ne pas souhaiter que la machine chasse l'homme ? Que les poinçonneurs des Lilas, les conducteurs de métro et les caissières disparaissent ?

Étudiant en droit, dans l'ennui perpétuel des articles et des codes, le premier nom qui me frappa fut, en droit du travail, celui du docteur Villermé. Dans la noire brutalité de la révolution industrielle, il était la petite lueur. En 1840, il publie le *Tableau de l'état physique et moral des ouvriers employés dans les manufactures de coton, de laine et de soie*, à l'origine de la loi sur le travail des enfants dans les manufactures, qui, en 1841, limite l'âge d'admission dans les entreprises à huit ans, mais uniquement dans les entreprises de plus de vingt salariés. Frottez-vous les yeux, vous qui avez des enfants, et répétez, lentement : huit ans… Mon fils ou ma fille travaille à huit ans sans pause, sans rien, dans une fabrique, vive le capitalisme. Ce petit couplet sur Villermé et la loi de 1841 pour en finir avec la légende du capitalisme apportant le progrès social : c'est la lutte sociale, ou la bienveillance, ou le paternalisme, ou la compassion, ou l'esprit des Lumières ou tout ce qu'on veut qui apportent le progrès, jamais le capitalisme. Le capitalisme est une force noire qui ne sait rien et ne veut rien savoir. J'ai compris cela très jeune, avec le docteur Villermé. C'est un peu pour cette raison que j'ai fait des études d'économie, pour aller « vers du moins pire », comme disait Vincent Auriol : « Le capitalisme est une énergie noire, jeune Maris. Il faut la dompter, la canaliser, la mater, si l'on veut aller vers du moins pire. »

En attendant, elle tue. Le 24 juin 1848, le général Cavaignac encercle cinquante mille insurgés, en tue quatre mille et en fusille mille cinq cents. Une dizaine de milliers sont déportés en Algérie. Mais le peuple en veut encore ! Vingt-trois ans plus tard, c'est le grand massacre de la Commune de Paris. Enfin la populace est matée. La Commune de Paris… Qui a vécu Mai 68 sait ce que fut la Commune. Un grand moment de jouissance. « La Commune de Paris ? Ce fut d'abord une immense, une grandiose fête, une fête que le peuple de Paris s'offrit à lui-même et offrit au monde... L'Hôtel de Ville était devenu un cabaret, un lupanar, une latrine. Toutes les dépravations, toutes les turpitudes s'y donnaient rendez-vous. Le mot d'ordre était *jouir* » (Émile Montégut).

Marx pleura, Lénine fit son éloge : « Au demeurant, malgré des conditions aussi défavorables, malgré la brièveté de son existence, la Commune réussit à prendre quelques mesures qui caractérisent suffisamment son véritable sens et ses buts. La Commune remplaça l'armée permanente, instrument aveugle des classes dominantes, par l'armement général du peuple ; elle proclama la séparation de l'Église et de l'État, supprima le budget des Cultes (c'est-à-dire l'entretien des curés par l'État), donna à l'instruction publique un caractère tout à fait laïque et par là même porta un coup sérieux aux gendarmes en soutane. Dans le domaine purement social, elle n'eut pas le temps de faire beaucoup de choses, mais le peu qu'elle fit montre avec suffisamment de clarté son caractère de gouvernement ouvrier, populaire : le travail de nuit dans les boulangeries fut interdit. Enfin, la Commune rendit le fameux décret en vertu duquel tous les fabriques, usines et ateliers abandonnés ou immobilisés par leurs propriétaires étaient remis aux associations ouvrières qui reprendraient la production. Et comme pour souligner son caractère de gouvernement authentiquement démocratique et prolétarien, la Commune décida que le traitement de tous les fonctionnaires de l'administration et du gouvernement ne devait pas dépasser le salaire normal d'un ouvrier et en aucun cas s'élever au-dessus de 6 000 francs par an. » Tiens ! La limitation des salaires. Mesure socialiste. La Commune est socialiste ? Oui, association, réquisition des usines abandonnées, salaire maximum. Mais d'abord elle fut patriote. Elle ne supporta pas la trahison de Bazaine et la capitulation. Lénine le devine : « Et lorsque, enfin, les forces gouvernementales organisées réussirent à l'emporter sur les forces mal organisées de la révolution, les généraux bonapartistes, battus par les Allemands et courageux contre leurs compatriotes vaincus, firent un carnage comme jamais Paris n'en avait vu. Près de trente mille Parisiens furent massacrés par la soldatesque déchaînée, près de quarante-cinq mille furent arrêtés dont beaucoup devaient être exécutés par la suite ; des milliers furent envoyés au bagne ou déportés. Au total, Paris perdit environ cent mille de ses fils et parmi eux les meilleurs ouvriers de toutes les professions. » Lénine exagère. Guère plus de vingt mille furent massacrés, contre huit cent cinquante Versaillais. Beaucoup de femmes. Beaucoup de prisonniers exécutés avec cette jeune et productive mitrailleuse. La bourgeoisie était contente. « Maintenant, c'en est fait du socialisme, et pour longtemps ! » (Thiers, qui ajoutait, et n'avait pas tort : « Le spectacle horrible de leur sang les empêchera à jamais de se relever. »)

La Commune fut démocrate. Pendant sa brève vie, elle n'interdit pas la circulation des journaux versaillais. Certes, il y eut la fusillade des cinquante otages de la rue Haxo, l'exécution des généraux Lecomte et Thomas, mais les Versaillais emmenés par le vaincu de Sedan, MacMahon, puis par Gallifet, Courtot de Cissey et Vinoy se rattraperont. Le polytechnicien Louis Rossel, capitaine, dont le père, colonel républicain, refusa de prêter serment à Napoléon III, fut le dernier fusillé, le 28 novembre 1871. Au siège de Metz, il comprend que Bazaine et Thiers souhaitent la victoire de l'Allemagne, pour rétablir l'Ordre moral conservateur en France. Rossel rejoint alors la Commune, considérant que Bazaine a trahi la patrie et le peuple. Rossel est un brillant stratège. Comme le colonel Stoffel, attaché militaire à Berlin avant la guerre, il a parfaitement anticipé les causes de la défaite. La défaite de 1870 préfigure celle de 1940. En 1940 aussi, un colonel, frais promu général, choisira la patrie et le peuple contre la réaction et la collaboration.

La chanson *Le Temps des cerises* de Jean-Baptiste Clément porte la plainte des Communards et la grande vague rouge du sang des fusillés. La section SFIO de Muret la chantait, avec un chant des Brigades internationales (le *Pont des Français*[1]) et celui de l'armée de l'Èbre. Ce n'est pas tant la répression qui est écœurante (on en verra d'autres, des Algériens tués à Sétif par les troupes fraîchement issues de la Libération, ou d'autres sous la tutelle du socialiste Guy Mollet par exemple, des Français massacrés à Oran), que l'attitude des chiens rossés, battus, humiliés, ridiculisés par le Prussien qui se refirent les crocs sur la chair populaire. Versailles est le mot le plus affreux de la géographie française, avec Vichy, et je les tiens pour synonymes. Les vaincus de 1870, les minables ridiculisés à Metz et Sedan (pardon pour les cuirassiers de Reichshoffen, envoyés à la boucherie par des incapables) venus massacrer leurs frères à Paris ! Ça vous sent bon déjà son Vichy avec sa gendarmerie et son armée d'opérette qui assassine le résistant, déporte le juif, et qui, après avoir baissé son froc sur ses bottes trop cirées, présente les armes devant les incroyables et les merveilleuses de l'Hôtel du Parc. La Commune veut continuer la guerre ? Bismarck libère cent mille prisonniers qui iront donner un coup de main aux Versaillais. En juin 1940, en pleine débâcle, peu avant l'armistice, Weygand, partisan de cet armistice, déclare à Paul Reynaud : « Ah, si j'étais sûr que les Boches me laissent assez de troupes pour mater la révolte... » Weygand, académicien. Tiens,

1. *« Puente de los Franceses nadie te pasa. »*

Thiers le fut aussi[1]. Aujourd'hui est aussi choquante l'existence d'un lycée Thiers à Marseille et d'une rue Thiers à Paris que celle d'un lycée Bazaine ; ou Pétain ; ou d'une quelconque pouilleuse ruelle Weygand.

Thiers avait gagné. « Thiers, le type même du bourgeois cruel et borné qui s'enfonce sans broncher dans le sang » (Clemenceau). Le peuple est calmé pour longtemps. Thiers peut épouser la fille de sa maîtresse. Thiers qui disait : « Ce fou de Gambetta… Ces détestables petits instituteurs laïques. » Les instits de la section SFIO de Muret, Alexandre et mon père, le haïssaient. Ils m'apprirent à connaître Louise Michel.

Mais voilà le meilleur de l'histoire. Envoyés au bagne en Nouvelle-Calédonie, les Communards participent joyeusement à la répression féroce de Kanaks révoltés – seule Louise Michel ose clamer son indignation devant le bain de sang indigène[2]. Plus tard, les petits-enfants des déportés de la Commune, avec les émigrés de la République espagnole, deviendront les ultras de l'Algérie française. La vie est compliquée.

Le mouvement socialiste révolutionnaire français ne se remettra jamais de la Commune. De 1942 à 1944, puis durant les grandes grèves « insurrectionnelles » de 1947-1948, les communistes sont prêts à en découdre. Mais c'est autre chose : ils sont adossés à la plus forte armée du monde et à Moscou. Le combat syndicaliste et anarchiste,

1. Pleurons : en 1833, il prononça le discours de réception de Stendhal.

2. En 1988, entre les deux tours de la présidentielle, Chirac ordonne le massacre de la grotte d'Ouvéa, espérant reconquérir quelques voix. Mitterrand, chef des armées, couvre le massacre, espérant que celui-ci, attribué à Chirac, lui fera perdre quelques voix.

lui, des ouvriers des petites boîtes, du petit peuple de Paris, des boutiquiers, des artisans, des cordonniers, des salariés des métiers du luxe, des michetons à la casquette sur l'œil et au foulard rouge, des gens modestes, des gens de pas grand-chose, d'en bas, de ce prolétariat parisien qui a traversé le XIXe siècle cercueils en tête, tout ce populo qui faisait trembler les nantis est mort, lui aussi, au mur des Fédérés, au Père-Lachaise. Et avec eux meurt le rêve des penseurs socialistes.

CHAPITRE 5

Utopistes et religieux

> « Quand j'inventai le mot socialisme, je ne m'attendais pas à ce que vingt ans plus tard il soit employé pour exprimer d'une façon générale la démocratie religieuse. »
>
> Pierre Leroux

Dieu est mort depuis belle lurette, l'éthique de la main invisible a coupé la société bourgeoise de son cordon ombilical divin, pourquoi le socialisme survivrait-il ? Pierre Leroux a inventé le mot en 1834, qui a engendré des milliers de pages depuis sa naissance, inspirées, romantiques, fraternelles, ou poussiéreuses, de la pire poussière casuistique. Mais en février 1848 paraît un opuscule d'une grande fraîcheur, un pamphlet de grand style, d'une grande violence, frais et joyeux comme une guerre annoncée : *Le Manifeste du parti communiste.* Ce livre n'a pas pris une ride. C'est une commande de la Ligue des communistes, anciennement Ligue des justes. La justice est dans le communisme. Qui veut comprendre le marxisme n'a pas besoin de lire beaucoup et qui plus est peut lire avec plaisir *Le Manifeste*, l'un des meilleurs du genre, meilleur que celui du surréalisme. Avec presque trop de brio, Marx introduit le sens de l'histoire, le socialisme scientifique, la lutte des classes, qui empoisonneront le socialisme jusqu'à aujourd'hui. Il tourne la page des bricoleurs du socialisme, divers, chatoyants, individualistes, romantiques, associationnistes, solidaristes, utopiques qui cherchent… le paradis terrestre. Il faudra attendre 1878 pour que Jules Guesde le découvre.

Après 1815, au moment où la France entre dans le XIXe siècle, la disparition du christianisme frappe les esprits. Jusqu'ici, les « bourgeois » étaient voltairiens et le peuple catholique. Et voilà que la Révolution puis les luttes sociales, de 1830, de 1848, font basculer le peuple du côté de l'athéisme, tandis que la bourgeoisie récupère le christianisme sous sa forme « morale ». Salauds de pauvres ! De père des pauvres, Dieu devient père fouettard, et la dimension fraternelle du christianisme hante nos penseurs socialistes. Ils veulent donner une nouvelle religion à la société moderne. Ce n'est pas encore la science glacée, neutre et logique d'Auguste Comte, mais bien une religion, une morale et une façon d'être devant son propre miroir et d'être avec les autres. Cabet écrit *Le Vrai Christianisme*, Saint-Simon *Le Nouveau Christianisme.* Proudhon le rationaliste s'oppose à la religion bien sûr, mais que d'amour dans cette haine ! quand il écrit *De la justice dans la Révolution et dans l'Église.* Et lorsque Marx évoque l'opium du peuple, lorsqu'il jette « la détresse religieuse qui est à la fois l'expression d'une vraie détresse et d'une protestation contre cette détresse. La religion est le soupir de la créature opprimée, le cœur d'un monde sans cœur, l'âme d'un monde sans âme. Elle est l'opium du peuple », n'est-ce pas un cri de pitié et de compassion de la part du socialiste « scientifique » ? Un monde et un homme nouveau pour un nouveau paradis : que d'optimisme ! Hantise de la religion perdue, partagée par le père du marxisme scientifique : voilà le socialisme français. Pierre Leroux en appelle à

« l'exigence d'un nouveau christianisme, un christianisme qui ne serait plus spéculatif et platonique mais animé par l'urgence d'organiser le pouvoir temporel conformément à ce divin axiome : aimer son prochain comme soi-même[1] ». Pierre Leroux encore : « Par le christianisme a été élaborée et prêchée à tous les hommes l'idée d'un monde meilleur que celui qui existait alors, d'un monde d'égalité et de fraternité... Le christianisme a relevé l'humanité par l'espérance ; il a relié aux souvenirs de son berceau, à sa liberté primitive et naturelle, à ses traditions d'un âge d'or passé, de l'Éden et du paradis natal, le sentiment ferme et assuré d'un âge d'or à venir, d'un paradis sur la terre où le bien régnerait après la défaite du mal. » Le socialisme est la conclusion logique du christianisme, de la Réforme, de la philosophie des Lumières, il est destiné « à tous ceux qui ont au fond du cœur l'amour des hommes, l'amour du peuple, tous ceux qui sont fils du Christianisme, et de la Philosophie et de la Religion[2] ». Et Léon Blum maintenant : « Le socialisme est presque une religion... Il est l'application exacte à l'état présent de la société de ces sentiments généreux et universels sur lesquels les morales et les religions se sont successivement fondées[3]. » Et Jean Jaurès : « L'avènement du socialisme sera comme une grande révélation religieuse[4]. » Voilà, c'est dit : l'avènement du socialisme sera comme une grande révélation religieuse.

Le libéralisme anglais est pessimiste, personnalisé par les tristes figures de Malthus et Ricardo, qui posent les théorèmes de la *dismal science*, la sinistre science aux lois du

1. « Pierre Leroux et le socialisme républicain », in *Comment peut-on être anticapitaliste ?*, *MAUSS*, n° 9, 1er semestre 1997, p. 223 ; *ibid.*, p. 207.
2. *Ibid.*, p. 213.
3. Léon Blum, *Pour être socialiste*, *op. cit.*, p. 22.
4. Jean Jaurès, *Le Socialisme et la vie*, Rivages Poche, p. 88.

marché implacables ; les libéraux français Say et Bastiat seront optimistes, comme les socialistes avec les joyeux Saint-Simon, Fourier ou Proudhon. Et Blanqui, Cabet, Leroux, Vidal, Pecqueur. Tous divers, tous socialistes. Tous audacieux, à la mesure de leur ambition d'un nouvel évangile. On ne peut s'empêcher d'éprouver de la tendresse pour ces « utopistes », injustement raillés par les « scientifiques » d'autant que le plus « scientiste » d'entre eux, Karl, était le plus chrétien. Ils voulaient construire le paradis terrestre dont la Révolution avait ouvert le chemin. Mais elle s'est arrêtée, l'an I n'a pas été l'an I du bonheur hélas, il faut donc continuer, la deuxième étape sera la « sociale », le paradis des hommes fraternels dans la production, chantant dans les fabriques, les échoppes, les grands magasins, et surtout les coopératives où les patrons sont les ouvriers, et plus encore dans ces phalanstères, ces paradis fabriqués de mains d'homme – car quoi de plus facile pour atteindre le paradis que de le fabriquer, en kit, avec un mode d'emploi tellement simple et évident ? Fourier est aussi au cœur du paradis socialiste avec son phalanstère et sa théorie des « passions ». Que les calculateurs budgétaires glacés du retour à l'austérité, à l'équilibre et à la règle d'or cueillent quelques fleurs chez Fourier. Il faut le génie de Roland Barthes pour révéler celui de Fourier[1].

Ces gens fourmillent d'inventions : la parabole de Saint-Simon, l'attraction passionnée de Fourier, la plus-value de Proudhon. Il faut les lire en sautant les pages, comme on fouille dans un bric-à-brac. Qui choisir dans le magasin d'antiquités, la foire à la farfouille, les Puces du socia-

1. *Sade, Fourier, Loyola*, Seuil, 1980. La faculté de Charles Fourier d'inventer des mots est proprement fascinante et confère à sa lecture une grande poésie – Lautréamont et les surréalistes ne s'y sont pas trompés.

lisme ? Les socialistes français firent les mauvais choix. D'abord Saint-Simon, surtout Saint-Simon, puis Marx. Oubliés, Proudhon et son mutuellisme, et Fourier et ses passions.

À Saint-Simon, les socialistes français ont répondu « présent », jusqu'à Arnaud Montebourg. Oui à la dépense publique, l'investissement public, le bâtiment, le béton, les ronds-points, la Caisse des dépôts et consignations, le logement, les lycées, les hôpitaux, les universités, les autoroutes (« que pas une ville de plus de dix mille habitants ne soit éloignée de plus de trente kilomètres d'une autoroute », Édith Cresson). « Vous êtes la femme la plus intelligente d'Europe ; j'en suis le plus extraordinaire. Voulez-vous que nous fassions un enfant ? », confie Saint-Simon, après son divorce, à Mme de Staël… On imagine bien Hollande écrivant à Mme Merkel, avant de couvrir l'Europe de ronds-points ! Que Saint-Simon n'est-il président de la Commission européenne ! La croissance serait vite réalisée ! Des TGV, des aéroports, des canaux, des autoroutes, l'isolation à tous les étages, etc. Qui, après Colbert, inventa la planification, les grands travaux, les grands champions nationaux ? Blum, de Gaulle, Pompidou ? Non, Claude Henri de Rouvroy, comte de Saint-Simon. Saint-Simon est un socialiste libéral. Il participe à la guerre d'Indépendance américaine, engagé à seize ans. À dix-sept, il envisage un canal allant de Madrid à la mer… À dix-neuf, il propose au vice-roi du Mexique de relier les deux océans. Ses disciples perceront le canal de Suez. Relier les continents, développer les voies commerciales, favoriser les communications. Voilà une grande idée libérale autant que socialiste. Mitterrand créera les radios libres, la multiplicité des chaînes de télé et sera fasciné par la fibre optique ; Édith Cresson était une fanatique de voitures et d'autoroutes.

Le progrès passe par la circulation, laissez faire, laissez passer, vive Vincent de Gournay[1] ! Vive Pascal Lamy ! Saint-Simon, c'est toute la technocratie planificatrice et libérale. Tout pour la promotion des sciences et de la recherche. Vive l'École polytechnique, dont il suit les cours assidûment, devenant un ami de Monge. Il rêve d'ériger des temples à Newton où seront organisés des pèlerinages pour la Science et la Raison ; il veut étendre à l'ensemble des sciences sociales la rigueur des sciences dures... Déjà Léon Walras[2] pointait sous Saint-Simon. Recherche, science, scientisme, socialisme, volontarisme, productivisme. Certes. Socialiste, mais admirateur d'Adam Smith, ennemi de l'héritage comme tout libéral conséquent (à l'image d'Alain Minc, ou de tous ceux qui ont lu Bourdieu et se doutent bien que la méritocratie passe par la suppression de tout héritage matériel ou symbolique), méfiant vis-à-vis de la propriété comme tout planificateur, mais collaborateur de Charles Dunoyer au journal libéral *Le Censeur*.

Adorateur du progrès technique, il préfigure Schumpeter, qui ne voyait pas d'autre débouché au moment capitaliste qu'une société social-libérale. Il est le socialisme d'aujourd'hui, réconcilié avec le libéralisme. C'est Manuel Valls pacsé avec Henri Guaino. Comme Schumpeter encore, ou Keynes, il place l'industriel au pinacle. Comme Keynes, il vilipende la rente. Sa célèbre « parabole[3] » (1819) sur les parasites et les gens utiles (les savants, les artistes,

1. Auteur du célèbre « Laissez faire, laissez passer ».

2. Le père de la théorie des marchés et de l'équilibre général, qui s'affirmait « socialiste ».

3. « Admettons que la France conserve tous les hommes de génie qu'elle possède dans les sciences, dans les beaux-arts, et dans les arts et métiers, mais qu'elle ait le malheur de perdre le même jour Monsieur, frère du roi, Monseigneur le duc d'Angoulême, Monseigneur le duc de Berry, Monseigneur le duc d'Orléans, Monseigneur le duc

les banquiers, les entrepreneurs, les commerçants, les créateurs...) est déjà l'appel à « l'euthanasie du rentier ». Au culte de la science, de la production et des arts (on dirait du Jack Lang) s'oppose son mépris des oisifs et des bureaucrates. Saint-Simon ou la République des ingénieurs : son âme est dans le groupe X-Mines, qui fricote avec la technocratie de Vichy et méprise la politique. 1940 : la République est morte ? Tant mieux, disent les polytechniciens. Vive la République des savants et des experts ! Favorable à l'enseignement technique, hostile à la concurrence sauvage, car la production doit être centralisée, contrôlée et massive (« big is beautiful »), la grande taille de l'industrie favorise la qualité et la compétitivité. C'est le mythe du champion national. Concorde, C2I Honeywell Bull, TGV, nucléaire, Ariane. Saint-Simon ne néglige pas l'apport des banquiers dont le rôle, par la distribution du crédit, est essentiel. Les frères Pereire, grands saint-simoniens, créent le Crédit immobilier. Saint-Simon rêvait... d'une grande banque d'investissement. Frottez-vous les yeux... N'est-ce point le programme socialiste, gaiement repris par la droite d'ailleurs ? Préfigurant les idées de Keynes, il considère que le taux d'intérêt doit être très faible pour favoriser l'investissement. Le Premier Consul entendra son message en créant la Banque de France, pour, dit-il, « concentrer le crédit et faire pression sur le taux d'intérêt ». Saint-Simon meurt en 1825, l'année où paraît son *Nouveau Christianisme.* Ses disciples, autour des polytechniciens Enfantin et Bazard, prendront parti pour la révolte

---

de Bourbon, Madame la duchesse d'Angoulême, Madame la duchesse de Berry, Madame la duchesse d'Orléans, Madame la duchesse de Bourbon, et Mademoiselle de Condé... etc., etc. » : bien évidemment, il ne se passerait rien, au contraire, la France ne s'en porterait que mieux.

des canuts en 1831. L'année suivante, un procès « pour atteinte à la propriété » intenté à la Société saint-simonienne provoque la dissolution de la « secte » – les saint-simoniens se sont toujours méfiés de la propriété privée. En 1846, Enfantin réalise la fusion de plusieurs compagnies ferroviaires et crée la Société d'études pour le canal de Suez. Suez, puis Panama : laissez passer.

Les saint-simoniens ne se sont jamais désintéressés des plus pauvres, mais n'ont jamais admis la lutte des classes. Ils croient en l'élite. Les ouvriers doivent admettre d'être dirigés, même si les patrons ne peuvent pas exister sans leurs compétences d'ouvriers. Dans sa *Lettre à Messieurs les ouvriers*, Saint-Simon s'efforce de résoudre, mal il est vrai, le problème de la subordination au travail, en demandant aux ouvriers de se soumettre, d'accepter la direction des entrepreneurs. Le slogan libéral « l'ouvrier choisit son patron comme le patron choisit son ouvrier » est ramené par Saint-Simon à sa juste valeur : l'ouvrier n'a d'autre choix que d'accepter son magnifique patron inventeur-ingénieur.

Le capitalisme français est pétri de socialisme saint-simonien, comme le socialisme est nourri de capitalisme saint-simonien. Comment faire grief à nos socialistes d'être libéraux, productivistes, technocrates, et de s'intéresser assez peu à la démocratie ouvrière ? Saint-Simon c'est Terra Nova, Michel Rocard (inventeur du RMI), le banquier Pigasse, le banquier Peyrelevade, la gauche cultivée, élitaire, la folie joyeuse en plus, le goût pour la démocratie en moins, l'idéalisation des élites, la promotion Voltaire de l'ENA, l'élite républicaine fière d'elle-même. Contre ce socialisme pétri d'élitisme, les populistes : Le Pen, Mélenchon (« Qu'ils s'en aillent tous ! »), ceux qui critiquent les élites, l'énarchie, les têtes d'œuf, les intellos, les médias.

« L'intellectuel, c'est comme le poisson, ça pourrit par la tête » (Pierre Poujade).

La dictature des savants, mythe rebattu depuis Platon et sa *République*, est au cœur de l'ambiguïté socialiste. À l'extrême, elle est le Gosplan communiste et le bonheur pour le peuple malgré lui. Méfions-nous de ce peuple qui se méfie des réformes ! L'histoire montre, hélas – des savants d'Hitler au projet Manhattan –, que les chercheurs s'accommodent du défaut de démocratie. Ils adorent bricoler en paix dans leur tour d'ivoire pendant que d'autres maintiennent l'ordre. Un livre comme *L'Étrange Défaite* de Marc Bloch montre l'incroyable césure entre les élites et le peuple, dont le comble fut celle entre la haute hiérarchie militaire et l'armée des citoyens. L'élite fait bouger, aime le progrès, la mobilité, mais celle des autres, dont elle trace des lignes de vie sur des cartes en dessinant ici un pont, ici une autoroute pour camions dans une vallée sauvage, ici un port, là un barrage... Avancer, bouger, faire bouger les lignes précisément, être actif, mobile, nomade... autant de mots d'ordre relevant du progrès rêvé par des polytechniciens planqués dans les bureaux parisiens, autant de mots d'ordre qui, nous le verrons, expliquent que le peuple ne vote pas socialiste.

Vive Saint-Simon mais oublions Fourier, qui pose la vraie, la grande question du socialisme, celle du sens du travail dans une société. On répond par la négation : moins de travail, car le travail est une souffrance. Et même cette négation est aujourd'hui oubliée. Les 35 heures de Lionel Jospin sont devenues honteuses, alors qu'au départ elles relevaient autant du temps libre que du partage du travail.

Marx ne veut pas que les ouvriers soient heureux au travail, il veut *abolir le travail*, ce qui est une bonne idée, comme l'abolition du malheur, de la maladie, de la jalousie, ou de la haine. Fourier, lui, réfléchit à la nature du travail. Il est pauvre, autodidacte, célibataire, il mène une vie monotone de petit employé, commis marchand puis commis voyageur dans la ville ouvrière par excellence, Lyon. Comment ne pas penser à Kafka dans sa compagnie d'assurances ? Lui aussi, à Lyon, produira une œuvre étrange, unique, chatoyante, gaie, heureuse, aussi gaie que put être triste son horizon. On le retrouva mort, en redingote, agenouillé au milieu de ses fleurs et de ses chats… Cet homme était bon, qui attendait pour son phalanstère les mécènes qui ne venaient pas. Bien sûr, il se prend pour Jésus et Newton. Car le progrès de l'humanité est jalonné, dit-il, de trois pommes fameuses : celle qu'Ève offrit à Adam (on connaît la suite), celle que Newton reçut sur la tête (là aussi, on connaît la suite) et celle que Charles Fourier, mélancolique, pela et consomma dans un caboulot lyonnais et qui lui permit de découvrir les lois de la production, de la consommation et de l'échange, puis le phalanstère, organisation idéale de la société.

La mécanique newtonienne repose sur la gravitation et l'attraction terrestre ? La philosophie de Fourier reposera sur l'attraction passionnelle des hommes. Fourier prêche une morale sans contrainte, il veut non pas libérer les hommes de leurs passions, mais au contraire libérer les passions des hommes, rendre socialement utiles les passions humaines. Mais quel programme ! Quel programme pour ce monde dépassionné qu'est le nôtre ! Tout part d'en bas et non du sommet comme chez l'élitiste Saint-Simon. Union libre, liberté sexuelle, refus de l'autorité, en particulier refus de l'autorité familiale, mère de toutes les frustrations et de tous les vices, « familles je vous hais », libre association… Mon Dieu, quel socialiste oserait aujourd'hui libérer les passions ?

Le phalanstère de Fourier est une utopie où la population est stable et la vie réglée comme dans un monastère joyeux. Les enfants sont élevés en commun, la polygamie et la polyandrie sont encouragées, ainsi que le libertinage. Les « passions » et l'attraction passionnée (équivalente de l'attractivité de la physique newtonienne) unissent les hommes, lesquels se divisent en 810 catégories correspondant à autant de passions, sous-passions, sous-sous-passions, et son « phalanstère », logiquement, comportait 1 620 hommes et femmes s'adonnant aux passions et métiers. Groupisme, luxisme, familisme, édénisme… et plus bas dans le graphe des passions, celles concernant les légumes par exemple, choutisme, super-choutisme, melonisme, ravisme… ou les fleurs (rosisme…). Hélas, l'attirance naturelle des humains est totalement entravée et pervertie par le travail, « un état où l'homme s'impose à regret un supplice », et par la morale, cette « mortelle ennemie de l'attraction passionnée ».

Comment faire que le travail humain ne soit pas une corvée ? En utilisant ces trois passions fondamentales des humains que sont « la cabaliste », le goût de l'organisation ; la « composite » ou goût pour l'assemblage des plaisirs des sens et de l'âme qui engendre l'exaltation ; et la « papillonne », adorable passion qui conduit, entre autres, à changer de métier. L'éducation, selon Fourier, devait permettre à chacun de pouvoir exercer vingt métiers. Chacun dans le phalanstère peut changer de métier, cinq ou six fois par jour si cela lui chante. On peut mesurer l'extraordinaire contenu non seulement ludique mais démocratique du fouriérisme, qui en finit avec les systèmes de castes, de métiers réservés, de féodalités, de confiscation des postes. Également son goût pour le travail bien fait qui rappelle l'honneur du travail dans la corporation de l'Ancien Régime. Enfin, un homme qui écrit, en 1808 : « Les progrès sociaux s'opèrent en raison des progrès des femmes vers la liberté et les décadences d'ordre social en raison du décroissement de la liberté des femmes » (*Théorie des Quatre Mouvements et des destinées générales*) ne peut être totalement mauvais.

Mai 68 est dans Fourier. Marcuse est dans Fourier. Plus intéressant pour les socialistes aujourd'hui, la décroissance est dans Fourier, mais la décroissance non pas au sens de la punition des hommes par vengeance de la rareté des ressources, vengeance de la Terre et de la Nature en quelque sorte, la décroissance parce que le phalanstère de Fourier permet de réconcilier l'utopie, donc la société stationnaire vivant dans l'éternité par la répétition du même dans l'organisation absolue (l'obsession organisationnelle de Fourier se manifeste jusque dans les menus du phalanstère et la composition des « petits pâtés[1] ») et la création infinie, non seulement intellectuelle, mais technique : des milliers de robots et de créatures merveilleuses apparaîtront dans le phalanstère des hommes libérés enfin de la contrainte du travail et ouverts aux passions. Dans le phalanstère, on peut évidemment ne rien faire, sinon écrire et inventer des mots merveilleux et s'occuper des fleurs et des chats, comme Fourier. Mais la vie moyenne y sera de cent quarante-quatre ans. Les enfants (le troisième sexe, « neutre » selon Fourier) seront plus cultivés et experts que les hommes de quarante ans d'aujourd'hui. Lorsque les phalanstères peupleront le monde, les pôles seront réchauffés, l'eau de mer aura une saveur agréable, la Terre aura quatre satellites, et on verra apparaître des « antilions » et des « antirequins » serviables et domesticables par l'homme ;

1. « En régime sociétaire, la gourmandise est source de sagesse, de lumière et d'accords sociaux. » Quel manque de sérieux, mais quelle vérité dans un pays comme le nôtre où les contrats se concluent entre café et liqueurs.

et nous aurons peut-être un membre de plus – sur la foi de quoi les caricaturistes du temps représentent les « fouriéristes munis d'une queue, laquelle se termine par un œil[1] » ; très commode pour se tenir à la barre dans le métro tout en lisant des deux mains.

On peut en rire. Ou voir en lui un précurseur du transhumanisme, des mutations génétiques, et tout simplement du chauffage central et de la ville moderne, rêvant d'un éden sur terre, où l'homme est pacifié, cultive des fleurs, joue de la musique, s'adonne sans frein à ses passions. Aujourd'hui, on sait récupérer l'énergie des pas humains sur les trottoirs et la transmettre à l'éclairage public, on parle d'immeubles à énergie positive, truffés d'éoliennes, de panneaux solaires, de jardins suspendus et récupérant l'eau de pluie ; bientôt, si le nanosolaire devient une réalité, chaque être engendrera de l'énergie positive, comme cela eût plu à Fourier, comme Woodstock et la liberté sexuelle des jeunes gens de 68, et surtout le féminisme, dont il fut le précurseur. Sait-on que les fouriéristes connurent du succès dans l'opinion publique et politique, avant que le mouvement ne s'éteigne après la IIe République ? Oui, un grand succès même. Rassurez-vous, les rêves finissent par s'évanouir, comme le socialisme.

Fourier sera haï des communistes et des socialistes « scientifiques », ce qui est un signe de bonne santé[2]. Il était le beau-frère de Brillat-Savarin : aimer la table n'est en rien liberticide ; pouvoir pratiquer plusieurs métiers

1. Colette Nême et Daniel Villey, *Petite histoire des grandes doctrines économiques*, Litec, 1996, p. 120.

2. Les tentatives de phalanstère échouèrent. Sauf celle du Familistère, tentée par l'ingénieur Godin, inventeur éponyme des poêles. Les poêles Godin passèrent au grand capital en... 1968. *Sic transit gloria.*

libère ; avoir accès aux milliers de livres de la bibliothèque, changer de mari, de famille, peut être vécu de manière joyeuse et permet de « papillonner ». La papillonne est le contraire du vibrionnisme, du mouvement brownien permanent des hommes d'aujourd'hui, de l'obligation de changement, de mobilité, de flexibilité de nouveau imposée par le capitalisme après la période du travail fixe que permirent les Trente Glorieuses. Peut-être est-elle simplement un des noms de la liberté ?

Pourquoi insister tellement sur Fourier ? Pour mesurer ce que les socialistes ont perdu. Quelle tristesse que les écrits socialistes contemporains, quand on pense à Fourier qui fut l'un des auteurs les plus lus et les plus écoutés du milieu du XIXe siècle ! Il ne sera pas entendu. Saint-Simon le sera. Mais, au-delà du volontarisme, tous les problèmes posés par Saint-Simon seraient résolus par le capitalisme le plus banal. Fourier propose la libération des passions ; avouons qu'opposée à la banale libération des égoïsmes et des calculs monétaires qu'offre le marché, c'est incroyablement osé ; dangereux ; inquiétant ; subversif ; révolutionnaire. Toutes ces histoires de coût du travail et de compétitivité qui enferment le socialisme contemporain dans la cage de fer du calcul glacé sont le cadet de ses soucis. Fourier est un feu d'artifice, un arc-en-ciel, un long poème épique – avoue, ami lecteur, que la passion te fait peur.

À Proudhon, grand auteur du milieu du XIXe siècle lui aussi, dont les thèses sont débattues lors des congrès de l'Internationale, les socialistes ont pris l'association et la mutuelle, mais ils n'ont jamais promu le socialisme associatif. Proudhon ? « Ajoutez à cela le gauche et désagréable pédantisme de l'autodidacte qui fait l'érudit, de l'ex-ouvrier qui a perdu sa fierté de se savoir penseur indépendant et original, et qui maintenant, en parvenu de la science, croit devoir se pavaner et se vanter de ce qu'il n'est pas et de ce qu'il n'a pas » (Karl Marx). C'est le genre de phrase qui fait aimer Proudhon, comme les vacheries de Sartre font aimer Camus. Camus qui voulait « empêcher que le monde se défasse » (que de passéisme dans cette phrase, merci Camus !). Sartre, compagnon de route des communistes, parlait de « ce grand cadavre à la renverse où les vers se sont mis » à propos de la gauche... Chacun son élégance. Donc Proudhon. Garçon vacher, typographe... Autodidacte. N'engrossa pas sa servante, ni ne conduisit ses filles au suicide comme le bon docteur Marx qui le vilipendait. Projeta de construire le pont entre le libéralisme et le socialisme d'association, rien que ça ! Encore un chaînon manquant, bien oublié des socialistes, qui cherchent aujourd'hui le chaînon entre socialisme et capitalisme ! Proudhon se pose d'emblée en farouche défenseur de l'égalité. Or au fondement de l'inégalité se trouve la propriété, qui entraîne une inégale répartition des fortunes et permet de se procurer toutes sortes de revenus sans travail, que Proudhon appelle des « droits d'aubaine ». Tout revenu tiré de la nature (de la terre, des matières premières...) relève du « droit d'aubaine ». « Qui a fait la terre ? Dieu. Alors, propriétaire, retire-toi. » On dirait la même chose aujourd'hui de l'eau, du pétrole, de l'air, des matières premières, des terres rares. En régime capitaliste, la spoliation est partout. Le propriétaire du capital prélève la rente au détriment du fermier, l'épargnant prélève l'intérêt au détriment de l'entrepreneur, et l'entrepreneur prélève la plus-value au détriment de l'ouvrier. Qui pose aujourd'hui la question de la propriété comme la posa Proudhon ?

Nous permettez-vous de nous arrêter un instant sur la plus-value de Proudhon ? Elle relève d'une très astucieuse théorie de la valeur. Alors que Marx dirait : la plus-value est l'excédent de travail que l'ouvrier fournit en sus de la simple reproduction de sa force de travail[1], Proudhon dit : la *division du travail* procure un excédent de valeur au-delà de la somme des valeurs travail fournies par chaque individu. Deux cents ouvriers dresseront en une heure l'obélisque de la place de la Concorde, mais un ouvrier ne dressera pas le même obélisque en deux cents heures, peut-être même n'y parviendra-t-il jamais. La plus-value du capitaliste, pour Proudhon, est l'excédent de travail au-delà de la simple addition des temps de travail de chacun, et qui est due à la division du travail. Re-mar-quable. Et Pierre-Joseph Proudhon de conclure par la phrase qu'il considérait être son seul titre de propriété : « La propriété c'est le vol. » La propriété c'est le vol de l'intelligence humaine accumulée dans l'organisation et la division du travail. C'est absolument essentiel. C'est sans doute, avec la question du travail, le cœur de la question socialiste, qui sera résolue à leur manière par Léon Bourgeois et Jean Jaurès. Autrement dit, nous sommes des nains sur les épaules des géants. Nous sommes la goutte d'eau de l'océan d'intelligence accumulé depuis que l'humanité existe, et à cause de cela, nous n'avons aucun droit de propriété sur rien. Rien. Comme disait Rousseau, un jour quelqu'un fit un enclos, dit je suis chez moi, et il y eut des imbéciles pour le croire. Au cœur du socialisme naissant se trouve la question obsessionnelle de la propriété, qui accompagne les révolutionnaires frustrés de la Grande Révolution, et qui voudrait bien que le droit de propriété sorte de la Déclaration des droits de l'homme. Pourquoi est-elle sortie du socialisme contemporain ? Quel abandon quand on y songe !

1. Ce qui est, je le reconnais, une définition simpliste de la plus-value : parlant de « travail social » au lieu de travail, on s'approche de la définition de Proudhon.

Dernière obsession proudhonienne : l'échange juste, qui n'est pas l'échange marchand, perturbé, pollué par l'argent et le profit qu'en tire toujours l'un des échangistes, le patron par rapport à son ouvrier, par exemple. Proudhon rêve d'un monde de juste réciprocité, équitable, comme celui du troc où l'argent n'existe pas. Comment abolir l'intérêt du capital ?

Là aussi la question est ancienne, posée par les thomistes, les luthériens, et bien oubliée aujourd'hui. Charles Maurras avait un portrait de Proudhon dans son bureau. Aujourd'hui, où la question de l'usure et de l'intérêt est au cœur du débat européen (des taux d'intérêt insensés, absolument usuraires, de l'ordre de 30 % !, sont exigés des plus pauvres d'Europe : les Grecs, les Portugais), les très chrétiennes réflexions de Proudhon l'athée sont d'une brûlante actualité.

Enfin, Proudhon rêvait d'une « mutualisation » de la production. Son « mutuellisme » est une forme d'associationnisme, où la propriété sociale et la démocratie sociale viennent compléter la démocratie politique. Heureusement, Léon Bourgeois et Jean Jaurès entendront le message « associationniste ». La célèbre loi de 1901, mais auparavant celle de 1898, sont des reconnaissances solennelles des principes de solidarité et d'association.

Certes Proudhon reviendra en arrière, défendra à nouveau la propriété, rejettera l'égalité absolue des salaires. Seuls l'intérêt et l'argent demeureront ses irréductibles ennemis. Anarchiste ? Oui. De gauche ? Non. Oublions ses réflexions idiotes sur les femmes, « servantes ou courtisanes ». Il était pénétré, l'ancien vacher, de la valeur humaine du travail manuel. Vaniteux ? Certainement : « Après avoir dit "la propriété c'est le vol", M. Proudhon demande à entrer au Sénat. Le sanglier devenu pourceau[1]. » Au sein de la Première

1. Victor Hugo, *Choses vues*.

Internationale, les bakouninistes s'opposèrent aux proudhonistes, qui pensaient que la révolution sociale peut être atteinte pacifiquement, et dès lors rejetèrent la lutte des classes… Rejeter la lutte des classes ! Ça ne pouvait manquer de déplaire à Marx, qui le ridiculisa dans *Misère de la philosophie.*

CHAPITRE 6

Karl Marx
ou la rédemption des humbles

« Plutôt l'anarchisme que le despotisme quel qu'il soit. »

Jean Jaurès

« Rien de plus faux qu'un faux curé. »

Carlyle

Adieu Fourier, adieu Proudhon, revenons au sérieux, après Saint-Simon, adoubons Marx. Que les socialistes soient des chrétiens qui s'ignorent, des « chrétiens athées » si l'on ose utiliser cet affreux oxymore, est une évidence qui devrait frapper les lecteurs des penseurs prémarxistes, mais plus encore éblouir ceux de Karl Marx. Le socialisme de Karl Marx, c'est l'avènement du Christ sur la terre à travers la Bonté et surtout la Fraternité, lorsque le mal, le diable, « le dieu Plutus sorti des entrailles de la terre », l'Argent autrement dit, Mammon, en sera chassé. Communisme égale fraternité. Enfin le dernier terme de la devise républicaine est là, magnifié par Karl Marx, « à genoux » (*sic*), comme il l'écrit, « devant la bonté et la fraternité des ouvriers français » (re*sic*).

Remarque : Keynes, Say, Walras, Hayek, taratata, mais surtout Marx : A-M-A, argent-marchandise-argent, échange-usage-échange. On ne peut comprendre les crises financières sans la loi de la baisse tendancielle du taux de profit, celle de la concentration, et celle de l'extorsion de la plus-value pour l'accumulation. D'où cette interrogation : puisqu'il (le barbu) comprend parfaitement le capitalisme, sa dynamique, pourquoi nous conduit-il sur la voie de garage du jardin d'Éden et du scoutisme aux yeux arrondis et au sourire de séraphin ?

Réponse : il s'est lourdement trompé sur l'émergence d'une conscience de la classe ouvrière liée à l'accumulation, il a pleuré lors de la défaite de la Commune de Paris sans songer que l'ouvrier du siècle suivant serait protégé par un État-providence, il n'a absolument pas vu le problème écologique – contrairement à Malthus qu'il méprisait –, il a noyé dans son mépris les utopistes, les sociaux-démocrates, « le socialisme petit-bourgeois, le socialisme du curé : tout comme le curé et le seigneur marchaient la main dans la main, le socialisme du curé est l'allié du socialisme féodal ». Enfin et surtout, il a confondu le rôle destructeur du capitalisme avec un rôle révolutionnaire : « Frissons sacrés et pieuses ferveurs, enthousiasme chevaleresque, mélancolie béotienne, la bourgeoisie a noyé tout cela dans les eaux glacées du calcul égoïste » ; et il a laissé à penser qu'il n'y avait donc rien à conserver du vieux monde, ce qui n'est pas une bêtise, mais un crime.

Hors économie, il est, ne disons pas risible pour ne pas désespérer ce qu'il reste de l'intelligentsia française le lisant encore, mais « critiquable ». Hélas, rien n'indique, cent cinquante ans après *Le Capital*, que l'humanité soit plus humaine. Mais ce n'est pas pour son messianisme un peu ridicule, sur l'avènement de l'homme nouveau – le prolo musculeux à la mâchoire avantageuse – que l'on a envie de dauber Marx. C'est sur son christianisme. C'est lui le cureton. Par l'expansion des « forces productives », il nous promettait un homme altruiste et généreux émergeant des ruines du capitalisme, et voilà que ces immenses forces productives nous offrent un homme encore plus vil, cupide et cynique. L'homme communiste sera passionné, l'homme communiste sera altruiste, il fera du désir d'autrui son propre désir et inversement (ô René Girard, lisez bien cette phrase, finis le mimétisme et le bouc émissaire !). Il sera, surtout, *fraternel.* « Voilà comment, supplantant la richesse et la misère de l'économie politique, s'avance l'homme riche pourvu de riches exigences humaines. L'homme riche est en même temps l'homme qui pour vivre a besoin d'une totalité de manifestations humaines, l'homme chez qui sa propre réalisation est une nécessité intérieure, un besoin. Non seulement la richesse, mais la pauvreté reçoit une signification humaine, donc sociale. *La pauvreté est le lien passif qui fait que l'homme éprouve le besoin de la plus grande des richesses : autrui*[1]. » Heureux les simples, les pauvres, heureux ceux qui n'ont rien car ils auront tout.

Autrui, la plus grande richesse... Lisez, relisez, frottez-vous les yeux... Si autrui est la plus grande des richesses, camarade Karl, tends la joue vers frère Stirner ou frère Proudhon. « Pour les ouvriers, fumer, boire, manger ne sont plus de simples occasions de se réunir, des moyens d'union. La compagnie, l'association, la conversation qui vise l'ensemble de la société les comblent ; pour eux la fraternité humaine n'est pas une phrase mais une vérité et de leurs figures endurcies, la noblesse de l'humanité rayonne vers nous[2]. » Amen. Alléluia. Je me pâme et

1. *Ébauche d'une critique de l'économie politique.* C'est moi qui souligne.
2. *Ibid.*

m'oins d'eau bénite, *asperges me domine.* Dans la société communiste, la violence est abolie, chacun tend la joue vers l'autre et le regarde courageusement dans les yeux, l'aime d'amour fraternel. Les hommes sont égaux. Le Christ est le premier qui ait osé dire : Tendez l'autre joue après une gifle. L'abolition de la violence de la société communiste est essentielle : c'est le message du Christ, et, à juste titre, nombre de mes amis, en 1968, sentirent sur la Sorbonne passer le souffle du Saint-Esprit.

Or l'abolition de la violence est aussi ce que propose la société libérale, sauf que les libéraux, plus pragmatiques, savent que la violence doit être abolie *malgré* les hommes qui toujours resteront mauvais, cupides et calculateurs – abolie par le commerce. Si le communisme de Marx n'est que le repêchage des humiliés, des collés de la vie, on comprend alors la haine contre lui et les communistes de la concurrence, les « vrais » chrétiens (les Navarrais ou les Maures de Franco, qui se battaient contre les Républicains espagnols avec le scapulaire sur la poitrine, par exemple). En fait, le communisme est au sens strict une *hérésie,* qui, comme celle des cathares, ne peut être traitée que par la croisade et l'extermination : bonjour Bush et les autres. Voilà pourquoi le message communiste de Marx reste essentiel et profondément subversif, inadmissible même s'il est aussi « utopiste » que celui des braves socialistes utopistes qu'il a comblés d'injures. Comme les autres, il pose les mêmes questions qui, chez lui, seront miraculeusement résolues par « l'accumulation des forces productives », laquelle n'est qu'une métaphore du Saint-Esprit.

Comment abolir la violence ? Les libéraux ont une solution : le marché, l'échange perpétuel empêche les hommes de se battre. Comment faire que le travail rende heureux ? Les libéraux ont une solution : le marché enrichit les hommes et comble petit à petit leurs besoins infinis. Comment faire que les hommes soient fraternels ? Là, les libéraux n'ont pas de solution, car ils s'en moquent, ils restent dans l'échange, et la fraternité comme la compassion relèvent des dispositions de chacun, et la loi de la distribution normale qui s'applique à toute chose veut qu'il y ait la même proportion *urbi et orbi* de salauds et de gentils. Et finalement cette dernière question, la fraternité, reste *la* question socialiste. Du moins si l'on pense que le marché engendre la violence.

Les socialistes français ont ignoré de Marx ce qu'il fallait retenir et retenu ce qu'il fallait ignorer. Ils ont retenu la lutte des classes, la méfiance des riches, le dégoût des puissants, des capitalistes, des entrepreneurs (Marx n'a pas de mots assez durs pour eux) et la valorisation excessive des humbles, avec ce concept creux de « classe ouvrière » comme si le cambouis et la fumée d'usine étaient une garantie de valeur ; et, en revanche, ils ont ignoré la question de la fraternité qui rejoint celle du sens du travail, posée par les utopistes. Ils ont suivi Guesde.

D'autres ont voulu, et Jaurès avec eux plus tard, dégager le socialisme de sa gangue marxiste. Ils se nomment Malon, Fournière, Auguste Comte, plus tard Marcel Mauss. Les marxistes les ont accablés de sarcasmes, ces « sociaux-traîtres », ces « sociaux-libéraux ». « Eugène Fournière, un des représentants les plus flamboyants du socialisme indépendant, sentimental, artistique, justiciard et intégral » (Paul Lafargue, gendre de Marx). Art, justice, sentiment… tout cela ne fait pas très « lutte des classes ». Et il est vrai que lorsque Fournière écrit : « Quand nos antagonismes individuels et collectifs seront résolus, la solidarité, la morale disparaîtra se perdre dans l'océan de nos sentiments et de nos actes, présents en chacun d'eux, organiques comme eux, et passant finalement à l'état d'acte réflexe par une glorieuse incorporation à l'instinct[1] », on ne sait si l'on est porté par son lyrisme ou si l'on doit en rire. Fournière « métabolise » l'altruisme, en quelque sorte. Les antagonismes individuels et collectifs sont synthétisés, transcendés, qui deviennent « organiques ». L'amour de soi et l'amour des autres sont dépassés dans un stade supérieur de l'espèce humaine. Mais Marx dit à peu près la même chose, sauf qu'il le dit avec cette « lutte des classes » et cette chorégraphie hégélienne qui fait sautiller par-dessus les antagonismes, hop-hop-hop-hop ! Féodalité, bourgeoisie, prolétariat, surhommes communistes. Le socialisme est destiné aux surhommes. Conscient de la solidarité qui le lie à l'espèce, celui-ci s'élève au-dessus de sa sensualité et de son égoïsme. Il sait qu'il appartient à l'immense tissu de la solidarité humaine. Quelque chose de *biologique* réside dans ce socialisme utopique, où l'espèce s'améliore, entraînée dans une solidarité croissante, voulue, volontaire, libératrice, dépassant tous les égoïsmes. L'espéranto transcende les langues, et la fraternité, les individualismes. L'individu est dans le collectif et réciproquement, le moi individuel se réalise progressivement dans le moi social. Le devenir collectif absorbera impérieusement tous nos désirs, toutes nos aspirations d'éternité… De l'animal au socialiste en passant par l'homme, nous porte l'Histoire. Même la mort n'en mène pas large avec Marx, lorsque la fusion du travail vivant (les

1. Cité par Philippe Chanial, « La République, la question sociale et l'association », *Les Annales de la recherche urbaine*, n° 89, juin 2001, p. 84.

hommes) et du travail mort (le capital, les machines) débouche sur le surhomme communiste, l'homme enfin conscient[1]. L'homme *conscient* est un homme solidaire, conscient de la solidarité qui le lie à l'humanité, à l'histoire de l'espèce.

Le socialisme, marxiste ou non, n'est rien sans l'évolution. Une immense sympathie évolutive anime les hommes. Tous sont portés vers la fraternité et l'association, par la morale (Fournière), les passions (Fourier), la croissance, la richesse, les routes et les canaux, et « ce nouveau monde où l'administration des choses se substitue au gouvernement des hommes » (Saint-Simon), la réciprocité du don (Proudhon, Mauss...) voire, après tout, pourquoi pas, pour ceux qui croient en la classe ouvrière, la lutte des classes (Marx). « Le socialisme est un habitat, où sont unis jusqu'à se confondre l'intérêt individuel et l'intérêt social » (Kropotkine).

Une fois les privilèges abolis par la Grande Révolution, apparut dans toute sa laideur l'effroyable misère sociale. La cause ? Le capital, la propriété. Quand la loi a rendu les hommes égaux, seule l'éducation crée des différences, disait Condorcet. C'est faux. Car la propriété est aussi la source de terribles inégalités. Or quel peut être le capital de ceux qui n'ont rien ? Là, les réponses divergent. Certains diront la propriété collective, la propriété nationalisée de ceux qu'on a expropriés et éliminés ; d'autres nieront tout type de propriété, même publique. Les marxistes et les utopistes divergent : vive l'association,

1. Sur le communisme comme fusion de la foule et de l'individu, je renvoie encore à la belle interprétation de Zizek à partir de la nouvelle de Kafka, « Joséphine et le peuple des souris », déjà citée *supra*.

disent les uns, vive l'élimination de la bourgeoisie, disent les autres.

Si nous n'acceptons pas l'élimination d'une classe – la seule classe qui, elle, existe et est cohérente –, la classe capitaliste, voilà où peut se situer le socialisme : dans l'association. La loi de 1905 est une grande loi socialiste. En 1834, à Lyon, la ville de Fourier et des canuts briseurs de machines, est créée la première épicerie sociale, baptisée Le Commerce véridique et équitable. Dans cette épicerie se pratique *le juste prix*. « Il faut rendre l'ouvrier propriétaire de l'engin industriel, au lieu de l'y attacher comme un esclave », dit Fournière. Dans l'association, devenu colocataire des machines, disposant démocratiquement d'une voix comme les autres, l'homme n'est plus un exploité, n'est plus un loup, mais un dieu pour l'homme – *Homo hominis deus,* la devise du socialisme.

C'est ici qu'intervient Jaurès. À côté de la propriété collective et de la coopérative, Jaurès ouvrira une autre voie : ceux qui n'ont rien auront un capital social et moral, garanti par la collectivité, qui vaudra aussi une rente servie par elle, sous forme de droits : le droit à la retraite, le droit au travail, le droit aux secours, le droit à l'éducation. La retraite conçue par Jaurès, par exemple, est un droit de propriété qui trouve sa racine dans la dette que tout homme a envers l'humanité. Elle sera l'une des formes de la propriété sociale des sans-propriété. Elle fera fonction de patrimoine privé. On comprend mieux l'importance du combat pour les retraites, tellement symbolique. Revenir sur cet « acquis », c'est revenir au temps des prolétaires, ceux qui, étymologiquement, ne sont propriétaires de rien, sauf de leur progéniture. Désormais, avec la propriété sociale, les anciens, les chômeurs, les vaincus, les sans-grade n'auront plus besoin de la charité.

La propriété sociale, la leur, leur suffit. La propriété sociale : nous sommes déjà, avec Jaurès, dans l'État-providence. Oubliant la question de la propriété, les socialistes ont oublié Jaurès.

CHAPITRE 7

« Ils ont tué Jaurès ! »

> « Un peu d'internationalisme écarte de la patrie, beaucoup y ramène. »
>
> Jean Jaurès

Le 31 juillet 1914, Raoul Villain tire deux balles dans la nuque de Jean Jaurès, attablé au Café du Croissant, rue Montmartre. Le grand Jaurès est mort. La guerre, la « grande », commence. Celle que la droite attendait : « La guerre seule pouvait nous sauver. Mais le pacifisme quand même l'aurait conjurée. C'est alors que la providence s'est manifestée en imposant à l'empereur Guillaume de nous la faire » (général Rebillot). Aux obsèques de Jaurès, le 4 août, le lendemain de la déclaration de guerre de l'Allemagne à la France, Guesde tombe dans les bras de Barrès ; Barrès qui, l'un des premiers, était venu, les larmes aux yeux, saluer la dépouille de son vieil adversaire… Barrès, le « rossignol des carnages », Barrès dont le fils ne fera pas la guerre. Mais Barrès qui éprouvait une profonde admiration pour le député du Tarn. Villain sera acquitté, la veuve de Jaurès condamnée aux dépens. Guesde ainsi que Viviani et Sembat participeront au gouvernement d'Union nationale. Au patriotisme français répond l'allemand : seuls Karl Liebknecht et Rosa Luxemburg, les futurs fusillés du social-démocrate Noske, s'opposeront à la guerre.

Guesde au gouvernement ! Après les balles du royaliste, le coup de poignard du marxiste dans le dos. Toute cette logorrhée, tous ces roulements d'yeux, ces cris de gorge ultra-internationalistes et anticapitalistes pour participer à un gouvernement de droite... Combien de fois les ayatollahs socialistes adoreront-ils ce qu'ils ont prétendu haïr ! Ainsi Vaillant le Fédéré embrasse-t-il à la Chambre Albert de Mun le Versaillais.

En 1885, Jean Jaurès avait été élu comme républicain « opportuniste », plutôt favorable à Jules Ferry. Ce n'est qu'en 1893 qu'il aura l'étiquette socialiste, au côté de six guesdistes, cinq blanquistes, cinq allemanistes, deux broussistes et une trentaine de socialistes indépendants. Toutes les facettes du socialisme sont représentées, du plus radical, anti-étatiste, au plus réformiste. Résultat : cinquante socialistes élus ; ils sont devenus une force parlementaire.

Du côté de Jaurès, les « possibilistes » ou broussistes, du nom du médecin Paul Brousse, incarnent le réformisme parlementaire. Également les allemanistes, du nom de Jean Allemane, Communard, ancien condamné au bagne. Ils sont plus intéressants car maladivement méfiants de la démocratie représentative et maniaquement égalitaristes : rien au-dessus du peuple. Leurs élus doivent remettre leur démission en blanc, donner la quasi-totalité de leurs émoluments au parti, ne jamais rien faire qui puisse les mettre en avant, faire d'eux des « stars » dirait-on aujourd'hui. Leur situation est tellement peu enviable qu'ils préfèrent souvent partir. Mais Jean Allemane et les allemanistes sont profondément républicains, ils rejettent toute forme de bonapartisme, ou d'abstentionnisme et d'antiparlementarisme comme les anarcho-syndicalistes. Ils feront alliance avec Jaurès à propos de l'affaire Dreyfus, dont ils se sépareront à nouveau lorsqu'ils apprendront que le député du Tarn a accepté que sa fille reçoive la communion ! On est pur ou on ne l'est pas ! Les allemanistes savent qu'au fond le peuple n'est jamais trahi par ses représentants. Mais que faire sans représentants ? La révolution, la Commune ? Communards battus, ils n'y croient plus. Ils savent que toute révolution sera écrasée dans le sang, ou donnera la Terreur. Ils sont donc parlementaristes, sachant qu'ils peuvent ne pas créer ainsi une élite et trahir le peuple ! Je connais l'angoisse allemaniste, elle était dans le cœur des anars de la section de Muret : comment être un chef sans trahir le peuple ? Alexandre ne voulut jamais se présenter à la députation. Galdon racontait la harangue de Durruti entrant dans un village : « Il y a des chefs ici ? Au mur ! » D'une certaine manière, les allemanistes incarnent l'impossibilité d'être un socialiste égalitariste, un vrai socialiste.

Contre Jaurès et les réformistes, Guesde, Blanqui, Vaillant, Lafargue. Revenons un peu en arrière.

1879. Le « vieux », l'« enfermé », Blanqui le révolutionnaire, celui qui écrit « Ni dieu ni maître » en exergue de son journal, est élu à Bordeaux contre un ami de Gambetta : le gouvernement le libère. Puis c'est le congrès de 1879, « l'immortel congrès de Marseille » où triomphent les « durs » et est créé le POF, le Parti ouvrier français. Les guesdistes (Jules Guesde, Paul Lafargue), marxistes, sont opposés à la participation à un pouvoir parlementaire, avec les blanquistes et les vaillantistes, révolutionnaires eux aussi. Ils sont contre le suffrage universel présenté comme une illusion. Ils dénoncent les « coopératistes » et leur opposent la lutte des classes. *Solennellement, le congrès renonce au coopératisme.* Il faut mesurer l'importance de cet abandon, qui rompt avec cinquante ans de vie ouvrière et révolutionnaire. La coopérative, disent ses ennemis, est censée toucher de trop petites unités et favoriser la compétition des ouvriers les uns contre les autres. C'est la fin de l'utopie coopérative, et la vision de la coopérative comme instrument de transformation de la société. Tout se fera collectivement, globalement, par la lutte des classes, au niveau le plus général possible, international. Désormais, le socialisme sera du gros, du global, du général, et une fuite en avant : ou tout, ou rien. Fi des petites étapes, du grignotage, du parlementarisme et du réformisme évidemment. Cette fuite en avant, ce souhait du « tout ou rien » sera l'excuse des incapables et des velléitaires, qui éternellement se draperont dans l'« insuffisance » des propositions réformistes. Elle marque à jamais le socialisme français tenté par les grandes envolées, la phraséologie, les barricades, les soviets et les grands soirs lancés à grandes lampées par des petits-bourgeois à petit bedon. Rien n'est jamais assez. La révolution sinon rien. Du passé faisons table rase. Jaurès : « On peut bâtir des pièces de la nouvelle maison à partir des pierres de l'ancienne. » Non, dit Guesde. La lutte. Quand on ne peut monter un escalier, on peut toujours proposer d'escalader une falaise. Plus tard, Lénine aura cette phrase sinistre : « Il faut se rouler dans la boue pour parvenir au but. » La famine d'Ukraine, le Goulag sont en elle.

Guesde, « Torquemada à lorgnon », est un extraordinaire vulgarisateur et un grand polémiste. Il se heurtera à Jaurès, dans une polémique célèbre sur « Matérialisme et idéalisme ». Il ne croit pas à la grève générale, voulue ou rêvée par les anarcho-syndicalistes et les blanquistes. À propos de la loi Waldeck-Rousseau légalisant le syndicalisme, en 1884, il parle d'une « œuvre de police et de réaction émanant d'une société bourgeoise ». On rêve…

Les syndicalistes le lui rendent. 1895 : congrès constitutif de la CGT qui se déclare hostile à toute activité politique.

Les relations entre socialistes et syndicalistes commencent mal. Les syndicalistes se méfient terriblement du pouvoir politique. Ils sont « anars ». Eux croient en la grève générale. Ce divorce si particulier entre syndicats et partis politiques de gauche marquera la gauche française, renvoyée dans la « théorie », loin du pragmatisme syndical.

1896 : Jaurès intègre le POF. Le congrès de 1899, salle Japy, est conclu par *L'Internationale* qui succède à *La Carmagnole*. La Révolution française a cédé à la Révolution internationale. Le 23 juin 1899, Millerand entre au ministère Waldeck-Rousseau au côté de Gallifet, le fusilleur de la Commune. Le pas est franchi. Jaurès approuve. Vaillant, Guesde hurlent. C'est la rupture. En 1901, ils abandonnent Jaurès et Allemane, au nom du refus de toute entente avec la classe dominante. L'année suivante, Brousse, Jaurès et Allemane créent le Parti socialiste français (PSF). Les différentes factions se rapprochent en 1904. Jaurès crée *L'Humanité* avec pléthore d'intellectuels et de plumes[1]. Il écrit dans le numéro 1, le 18 avril : « L'humanité n'existe point encore. Seul le socialisme, en absorbant toutes les classes dans la propriété commune des moyens de travail, résoudra cet antagonisme, et fera de chaque nation, enfin réconciliée avec elle-même, une parcelle d'humanité. » Nation. Le mot reviendra dix ans plus tard avec l'attentat de Sarajevo.

Enfin, les 23-24-25 avril 1905, c'est le congrès d'unification des socialistes, salle du Globe, à Paris.

Article 1 : Le Parti socialiste est fondé sur les principes suivants : entente et organisation internationale des travailleurs, organisation politique et économique du prolétariat en parti de classe pour la conquête du pouvoir et la

1. Octave Mirbeau, Lucien Herr, Henri de Jouvenel, Léon Blum… Abel Hermant aussi, futur collabo.

socialisation des moyens de production et d'échange, c'est-à-dire la transformation de la société capitaliste en une société communiste ou collectiviste.

Article 2 : Le titre du Parti socialiste est Parti socialiste, Section française de l'Internationale ouvrière, SFIO.

Et puis la guerre. Elle transforme radicalement les esprits. C'en est fini du refus de participer au gouvernement au nom de la pureté idéologique.

Le congrès de Tours de 1920 voit la scission entre communistes et socialistes. La première question est celle de l'adhésion à la IIIe Internationale. Lénine pose vingt et une conditions. Il les donne à Frossard. On retiendra la condition 1 : « exclusion des réformistes et des centristes », la 9 : « noyautage des syndicats », la 11 : « subordination des élus au comité central », la 12 : « discipline de fer », et surtout la meilleure, la 13 : « les épurations périodiques du parti ». Que ceux qui croient qu'il existait un gramme de différence entre Staline et Lénine méditent la 13e condition. Frossard : « Les masses ouvrières se tournèrent vers Moscou comme vers la ville sainte du socialisme. » On appréciera une fois de plus la métaphore religieuse, mais c'est faux : le peuple n'adhère pas vraiment. La suite des élections le prouvera. Lénine à Frossard : « Les personnes ne comptent pas, c'est l'épuration et la clarification des idées qui sont essentielles. » À rapprocher de la célébrissime citation, sans doute apocryphe, de Staline : « Pas d'hommes, pas de problème. » À méditer aussi par nos socialismes contemporains qui ne cessent d'agiter l'encensoir des idées au détriment des personnes, qui ne comptent pas. C'est évidemment faux. En politique, les hommes passent avant les idées.

Loriot, Cachin, Frossard adhèrent à la IIIe Internationale et créent la Section française de l'Internationale communiste, « révolutionnaire et pro-moscovite ». Paul Faure, Jean

Longuet, Léon Blum restent à la SFIO, réformiste. La brouille dure seize ans. En 1936, pour la première fois les socialistes gouvernent, avec le soutien sans participation des communistes. Auriol, ministre des Finances, dévalue. La reprise est immédiate. Le déficit budgétaire tombe de moitié, de 10 à 5 milliards. En septembre il engage le plan d'armement, financé en partie par les « bons Auriol » qui garantissent la valeur des emprunts. Il fait surveiller les banquiers, menace de les enfermer. Il traque les exportateurs d'or... Parmi eux... le maréchal Pétain – l'amour et le don de la personne à la France s'arrêtent au portefeuille. Mais moins d'un an plus tard, le 15 février, c'est la pause. Blum appelle Rueff, Charles Rist, et le sinistre Paul Baudouin[1], inspecteur des Finances, futur ministre de Laval. Désormais les banques utilisent contre le gouvernement toutes les méthodes qui avaient, en 1924, amené la chute du Cartel des gauches et d'Herriot : demande de remboursement de bons du Trésor, tarissement des caisses de l'État, fuite des capitaux. Le mur de l'argent a gagné.

Puis c'est l'Occupation, 126 parlementaires socialistes sur 175 votent les pleins pouvoirs à Pétain ! Et quelques-uns entrent en Résistance (Blum, Auriol, Dormoy, Moch, Philip, Pineau, Lacoste, Félix Gouin et Daniel Mayer bien sûr, mais aussi Defferre). Spinasse, ex-ministre du Budget de Blum, entre chez Pétain, Rives devient pro-nazi et crée le PPF. On peut ajouter Marcel Déat, anticommuniste hystérique, exclu de la SFIO en 1933. Tous les députés socialistes (sauf un) avaient approuvé Munich, Blum aussi avait confessé « son lâche soulagement[2] ». Une nouvelle rupture devait survenir beaucoup plus tard avec la guerre d'Algé-

1. Il signe la loi du 3 octobre 1940 portant statut des juifs.
2. Cité par Daniel Ligon, *Histoire du parti socialiste*, PUF, 1962, p. 585.

rie. Naît le PSA, puis le PSU. Puis la SFIO devient le Parti socialiste et réintègre en son sein le PSU et l'UDSR de François Mitterrand. En 1969, créant le Parti socialiste, Guy Mollet déclare sans rire qu'il s'agit d'un parti révolutionnaire. La lutte des classes figure dans ses statuts. François Mitterrand prend le parti au congrès d'Épinay, en juin 1971. Dix ans plus tard, en 1981, on clame encore que l'on veut « rompre avec le capitalisme ».

En 1983, tout change, mais dans l'autre sens, et depuis, c'est fini. L'économie de marché et son corollaire, l'accumulation du capital, sont acceptés ; et Lionel Jospin, Premier ministre et ancien secrétaire général du Parti socialiste, déclare qu'il n'est pas socialiste. Enfin un socialiste sincère.

Depuis 1905, deux noms émergent : Jaurès et Blum. Oublions les dirigeants communistes dont on sait aujourd'hui qu'ils n'avaient pas beaucoup d'autonomie par rapport au pouvoir tutélaire de l'Union soviétique, mais n'oublions jamais les militants qui se battirent contre les nazis et le payèrent cher. On ne peut pas dire non plus que François Mitterrand eut une pensée socialiste.

La grande perte fut Jaurès. Elle eut trois conséquences. Elle interdit au socialisme français d'être doctrinalement original, eu égard aux marxistes, qui furent ou les repoussoirs ou les icônes ; d'être pragmatique sur toutes les questions concrètes, notamment celle du travail ; d'intégrer la Nation comme élément du problème socialiste. Juste avant d'être assassiné, il rédigeait son article pour *L'Humanité*. On ne saura jamais si l'article était pacifiste. J'imagine que non, qu'il était patriote et appelait à la mobilisation. Clemenceau, dans l'éloge qu'il prononce de son grand rival oratoire, n'en doute pas. Dans *L'Armée nouvelle*, publiée en 1911, Jaurès évoquait le peuple en armes, la nation équipée, armée, militarisée, entraînée et prête au combat : des chaires d'enseignement militaire devaient apparaître dans toutes les universités, les syndicalistes devaient encourager leurs meilleurs éléments à embrasser la carrière militaire, l'entraînement au tir serait systématisé, etc. Le culte rendu par Jaurès et Clemenceau aux soldats de l'an II, à Danton, l'homme de la levée en masse et de la patrie en danger, associe la République et le courage militaire. On est loin du pacifisme bêlant[1]. Pour comprendre à quel point la Nation (et la patrie) appartenait à la pensée de Jaurès, il faut encore le citer : « L'indépendance de la nation et l'émancipation sociale sont inséparables. Il ne faut pas qu'il y ait d'équivoque : la classe ouvrière défendra l'idée de patrie dans un intérêt de classe, elle essayera, par un incessant effort, de substituer à une patrie d'inégalité, une patrie de pleine harmonie sociale. C'est dans le prolétariat que le verbe de la France s'est fait chair. » Fermez le ban.

L'Union sacrée et l'élan national d'août 1914 n'ont pas été assez médités par nos socialistes. Pourtant les choses sont claires : le prolétariat, le peuple, les ouvriers, les classes et leur lutte, l'Internationale disparaissent comme par magie devant la patrie en danger. Comme le libéralisme, qui soi-disant n'existe qu'en temps de paix – tout en préparant, par ses injustices, la guerre –, le socialisme prépare soi-disant l'Internationale, sauf au moment des combats où il dresse les hommes de la « sociale » les uns contre les autres. Le « social », l'« international » sont des mythes. La réalité c'est le « peuple », violent, nationaliste, la vindicte et le chauvinisme toujours prêts à renaître, la passion patriotique, l'exclusion par le prolétaire du prolétaire du pays voisin. La fable de la classe ouvrière solidaire

1. Rosa Luxemburg ne s'y trompe pas, qui voit dans ce livre une menace pour l'Allemagne.

et consciente ne tient pas une seconde devant la réalité des conflits. Sans doute le pacifisme de Jaurès eût-il volé en éclats à la vue du massacre opéré dans les rangs de cette École normale supérieure si chère au député du Tarn[1].

Jaurès a anticipé les dérives auxquelles conduirait la soi-disant dictature du prolétariat : « La mise à sac des ressources d'un pays par une bande » ; ses positions anticolonialistes furent claires, même s'il appuie un temps Jules Ferry prônant le devoir de civilisation de la France vis-à-vis des sociétés « inférieures ». Oui à l'émancipation, non à la pacification. Jamais la SFIO de Jaurès n'eût fait la guerre d'Algérie. Ayant voyagé en Algérie à l'invitation de son ami Viviani, il a pu constater l'affreuse situation coloniale : l'exploitation des indigènes, la morgue des colons, la bêtise raciste des dirigeants. Il voit dans la politique de colonisation, vers le Tonkin puis le Maroc, la continuation de la politique scolaire, la continuation du rêve de Condorcet. Il ne parle évidemment jamais de races inférieures, mais de races opprimées ou exploitées. Ce sont les guerres marocaines qui le font passer du « réformisme colonial » à un anticolonialisme radical, et en particulier les atrocités commises par le général d'Amade, qui commande l'extermination de villages entiers. Il s'oppose à la politique menée par les radicaux[2], « politique détestable », qui est, dit-il – frottez-vous les yeux en cette année anni-

1. Jaurès fut reçu premier devant Bergson. L'École normale fut décimée par la guerre. Sur les cinq cothurnes de Maurice Genevoix, lui aussi « cacique » de Normale, trois sont morts, deux mutilés, dont lui.

2. Gouverneur de l'Indochine en 1911, le radical Sarraut met en œuvre une politique systématique d'exploitation économique, qu'il généralisera entre les deux guerres en tant que ministre des Colonies.

versaire de la fin de la guerre d'Algérie – « le levain de l'extrémisme islamiste » : pensée assez prémonitoire, non ? À son grand dam, la gauche s'enferme dans une affreuse politique d'exploitation et de répression.

Toutes ces questions, la violence, la guerre, la colonisation, sont passées de mode chez les socialistes. À tort, parce que les libéraux, eux, les ont résolues depuis longtemps : faites du commerce, vous ne ferez pas la guerre, et si la marchandise colonise ici ou là quelque contrée, c'est que les consommateurs le veulent bien : qui vous dit que les pays africains ne veulent pas fumer ? Qu'ils ne veulent pas de voitures ? Sur la violence, les socialistes disent : « Soyez altruistes et fraternels, vous ne ferez pas la guerre », on a vu ce qu'il en a été en 1914[1], et ajoutent : « Qui ouvre une école ferme une prison » en citant Victor Hugo. Toute la droite républicaine pourrait reprendre le credo des Lumières à son compte. Hélas, il n'y a pas de réponse socialiste à la question de la violence.

Socialiste, ou humaniste ? Entre la liberté et l'égalité, ces deux tropismes éternels du peuple français selon Tocqueville, Jaurès choisit la liberté : « Il n'y a pas d'égalité vraie sans liberté. Le despotisme est la plus monstrueuse des inégalités. » Ou encore : « C'est l'individu qui est la mesure de toutes choses, de la patrie, de la famille, de la propriété, de l'humanité, de Dieu. Voilà le socialisme. » Il n'est de richesse que d'hommes : « L'homme est la mesure des progrès accomplis. » Sa conception de l'État est tout aussi modérée : l'État n'est ni l'État gendarme gardien des intérêts de la bourgeoisie, ni l'État de classe, émanation pure de la classe dominante des marxistes, il est plutôt l'État neutre et bienveillant, vers lequel se tournent les ouvriers pour

1. Et on l'a vu pendant la guerre d'Algérie, qui fut menée pendant deux ans, et de quelle manière !, par des socialistes.

dénouer les conflits, l'État arbitre de son ami Léon Bourgeois, préfet du Tarn, préférant négocier avec les mineurs en grève plutôt que de faire intervenir la troupe. Et de fait, au fil des conflits sociaux qui émaillent le XIXe siècle, l'État gendarme se transformera peu à peu en État arbitre qui réglera de plus en plus les conflits en faveur des faibles, en même temps que naît le droit social, et que se transforme un droit totalement inique, où « le maître est cru sur son affirmation pour la quotité des gages, pour le paiement du salaire de l'année échue et pour les à-comptes donnés pour l'année courante » (article 1781 du code civil, supprimé en 1868), où la constitution de coalitions et la fomentation de grèves relèvent du droit pénal, en un droit social porté par les grandes lois de la fin du siècle sur les syndicats et le droit de grève. À charge de l'ouvrier : la preuve du paiement – l'article 1781 affirmait l'infériorité morale du salarié, de l'employé. Il possédait quelque chose de vaguement raciste, à tout le moins d'infantilisant et de méprisant. Les relations patrons-salariés en France en seront longtemps affectées. Que l'État intervienne en faveur des salariés, et il sera le bienvenu ! L'originalité de Jaurès ne réside pas dans sa conception de l'État. Elle est bien davantage dans ses idées coopératistes sur la production et dans ses prises de position solidaristes sur les relations entre générations qui lui inspireront la loi sur les retraites. C'est ici que la rupture des socialistes avec lui est catastrophique. Ils ont perdu là l'occasion de définir un socialisme original et pragmatique.

Jaurès reprend la notion de « dette sociale » inventée par Léon Bourgeois. Tout homme est solidaire, et l'homme naît dans une association, un tissu de relations. Sa naissance est une dette, envers Dieu diraient les croyants, envers les hommes disent les solidaristes. Cette dette est simplement le fait que les autres hommes, la famille, les ancêtres, le font vivre et l'éduquent. L'homme arrivé sur terre jouit du « capital commun de l'association humaine » (Bourgeois). Il faut s'arrêter un instant sur cette notion essentielle de capital commun de l'association humaine : les hommes ont accumulé un savoir, une technique, une façon de vivre ensemble qui fait du nouveau venu un débiteur, un « nain sur les épaules des géants ». De même que le penseur, le savant, n'est rien sans l'immense savoir accumulé par les autres ; de même qu'il n'y a pas de propriété intellectuelle au fond, parce que le langage est le bien commun des hommes, collectif le plus précieux, le plus massif, insécable, inappropriable ; de même, le nouveau venu doit tout à l'organisation des hommes, au sein de laquelle l'apprentissage par la famille puis par la société jouera un rôle majeur. La société est un progrès collectif, un savoir collectif en devenir. Et le nouveau venu devra rembourser, apporter sa pierre à ce savoir collectif. Il remboursera sa place dans la société notamment par son travail. N'oublions pas que la dette est une faute, *schulde* en allemand, que reconnaît l'adage : « Tu gagneras ton pain à la sueur de ton front. » Ma liberté est liée au remboursement de ma dette. Je rembourse tout au long de ma vie les dettes dont je suis quitte à ma mort pour aller devant Dieu qui tient la balance de mon débit et de mon crédit.

Jaurès ne croit pas à cette faute. Pourquoi ? Parce que l'individu est débiteur, certes, mais tout aussi potentiellement créancier, en tant que participant à la société humaine. Il n'y a pas que des débiteurs dans la société. Il y a aussi des créanciers, qui ne sont pas ceux qu'on croit.

Dans une société, certains sont plus riches que d'autres, beaucoup plus riches, ou beaucoup plus éduqués. Or ces nantis sont aussi, on l'oublie, les débiteurs de la société, les débiteurs des talents passés, des richesses passées, des savoirs passés des hommes qui les ont précédés. Qui peut prétendre être original ? Même l'un des plus grands peintres n'a pas prétendu à l'originalité : « On copie, on copie, et on finit par faire une œuvre », disait Picasso, qui décortiqua durant sa jeunesse *Les Ménines* de Velázquez dans des dizaines de tableaux. Ce qui veut dire qu'il n'eût rien été sans Velázquez, bien qu'il fût devenu un génie.

Les riches non plus ne seraient rien sans le capital social dans lequel ils ont puisé, certains pour devenir des génies des affaires. Lorsque Warren Buffett, spéculateur multimilliardaire, dit : « Je suis quelqu'un de très intelligent, sans doute dois-je ma fortune à mon talent, mais à 90 % je la dois aux hommes et aux femmes de la société dans laquelle je vis, donc je fais don de 90 % de ma richesse à cette société », il dit simplement qu'il rembourse ce qu'il doit. Warren Buffett a tiré parti de la solidarité naturelle des milliers de « coopérateurs », des « associationnistes », des « solidaires » anonymes qui contribuent à la richesse sociale. Il a touché bien davantage que sa part. Il doit. Il possède un solde débiteur. Il l'estime à 90 % de sa fortune, il le rend à autrui. Or si dans la prise au tas, ou la prédation, ou le partage de la richesse collective, certains sont plus gâtés que d'autres, d'autres n'ont rien. Ces derniers sont, apparemment, « les débiteurs éternellement insolvables de la société », ils ne pourront jamais rembourser ; mais ces débiteurs sont aussi, si l'on renverse les choses, des créanciers que l'on n'a pas pu payer, à qui la collectivité n'a pu donner le talent, le savoir, les emplois, la vie sociale dus à tout être humain. Moi, riche, éduqué, je suis débiteur des pauvres analphabètes. C'est pourquoi il convient évidemment de faire payer les riches pour les pauvres. Ce n'est que remboursement légitime de dette, *de trop-perçu de certains vis-à-vis de ceux qui n'ont pas reçu assez.* Deux conséquences : l'impôt redistributif (Léon Bourgeois, soutenu par Jaurès, sera le premier à proposer un impôt progressif sur le revenu, qui ne deviendra effectif que pendant la Première Guerre mondiale), et le minimum social (envers de l'impôt progressif), ou le revenu d'existence, ou encore l'accès gratuit aux biens, à l'éducation et à la santé par exemple.

Résumons. Les parents doivent aux enfants, les riches doivent aux pauvres. La redistribution est le corollaire de la vie sociale : on donne à ceux qui ne peuvent pas encore produire, les enfants, et à ceux qui ne peuvent plus produire, les personnes âgées, ou encore aux plus démunis en termes de qualification ou de patrimoine. Jaurès pense que la redistribution devrait être négociée de façon permanente, faire l'objet d'un quasi-contrat social, un contrat implicite qu'il convient de redéfinir constamment pour qu'il soit accepté par tous. Elle exige le suffrage universel, la démocratie la plus participative possible, et l'impôt, « librement consenti à soi-même », est au cœur de la démocratie. Enfin, la redistribution répond à la question de Proudhon sur la plus-value collective : il existe, dans toute société, une plus-value de richesse produite par la vie sociale, et qui est indémêlable, qui ne peut être restituée à tel ou tel, mais qui résulte de la vie collective. Comment restituer le « bouillonnement » produit par les surréalistes, les dadaïstes ? Ou celui de Mai 68, qui a certainement plus profité aux publicitaires qu'aux citoyens eux-mêmes ? Là encore, la redistribution est légitime et on ne peut plus affirmer qu'elle est le produit du ressentiment.

Jaurès a donc réglé la question du ressentiment. Les pauvres sont les créanciers des riches. Ils ont un droit, un droit moral sur le capital humain et matériel des riches. Peut-être faut-il ici, encore une fois, en appeler au christianisme, citer saint Ambroise : « Tout ce qui dépasse les besoins, on le détient par la violence », et saint Thomas : « C'est le pain des affamés que tu détiens ; c'est le vêtement de ceux qui sont nus que tu renfermes ; ton argent, c'est le rachat et la délivrance des miséreux, et tu l'enfouis sous la terre[1]. »

À la lumière du solidarisme, la grande loi sur les accidents du travail, préfiguratrice de la mutualisation de la vie sociale, prend tout son sens. C'est la rencontre de socialistes comme Jaurès, des républicains solidaristes et des catholiques sociaux qui permet l'émergence d'une protection – très partielle – des plus vulnérables : enfants abandonnés, infirmes, veuves avec enfants à charge, aliénés, et surtout personnes âgées.

1898. Cette année-là, Jaurès défend à la Chambre la loi sur les accidents du travail, fondatrice de l'État-providence. Désormais la notion de risque se substituera à celle de faute. L'ouvrier accidenté n'est plus responsable, n'a plus à faire la preuve de la faute de son entreprise, c'est l'inverse. L'accident devient un phénomène social, lié à la vie sociale. Il est un risque objectivable, mesuré par la loi des grands nombres. La statistique fonde le contenu assurantiel de l'État-providence. « L'accident, c'est le voisinage, la rencontre avec les autres, l'expression de l'être-ensemble[2]. » L'incertain engendre le collectif comme il engendre l'autorité[3]. La loi des grands nombres crée l'homme moyen, l'homme statistique soumis à un environnement social mesurable et objectivable, enserré dans des lois normales, avec moyenne, médiane et écart type, qui sera ensuite la proie des commerciaux et des publicitaires, et aussi des mesureurs d'opinion de toute sorte. L'homme

1. Sébastien Lapaque, *La Croix*, 22 décembre 2011.
2. François Ewald, *L'État-providence, op. cit.*, p. 17.
3. Nous renvoyons à un article publié avec Y. Dupuy, « Le pouvoir et le marché », *Sciences de la Société*, n° 38, mai 1996, pp. 7-22.

statistique, le dernier homme ridiculisé par Nietzsche, méprisé par Guy Debord car il n'est qu'« un chiffre dans une statistique et un mort qui croit voter », le sondé qui est soumis à des lois statistiques scientifiques, est aussi l'homme socialiste. En 1898 naît cet État-providence, qui sera parachevé en 1945 par les grandes ordonnances sur la Sécurité sociale issues du programme du CNR, et qui ne fera ensuite que dépérir – malgré l'invention du Smig (Guy Mollet), la troisième semaine de congés payés (Guy Mollet encore), la retraite à 60 ans (Mitterrand), la CMU (Jospin) et des avancées sociales postérieures à 1945, qui constituent la queue de cette comète, apparue en 1898.

La Sécurité sociale offre un patrimoine à ceux qui n'en ont pas, et l'accès à une sécurité personnelle garantie par l'État, équivalente à celle que procure la propriété privée. Elle n'est pas la propriété collective des nationalisations, mais une propriété sociale qui dépasse la propriété individuelle et collective. Les retraites ouvrières relèvent de ce patrimoine social. Dès 1886, Jaurès dépose une proposition de loi relative à l'organisation corporative des caisses de secours. Il faudra attendre le 5 avril 1910 pour que la première loi sur les retraites ouvrières et paysannes soit votée. Jaurès défend, alors que les socialistes n'en veulent pas, le principe de la cotisation ouvrière obligatoire, donc de l'assurance sociale, et non plus de l'assistance ; cette cotisation relève de la mutualisation *volontaire* du « risque » de l'inactivité.

À côté, il combat pour l'autogestion et pour la participation démocratique des salariés des caisses de maladie et de retraite. « Il faut que ce soit la classe ouvrière tout entière, *la classe ouvrière fédérée*[1] qui intervienne, qui assure une part de la responsabilité, du contrôle et de la direction.

1. C'est moi qui souligne.

Alors l'assurance sociale ne sera pas une œuvre bureaucratique morte, un rouage de l'État, elle sera une œuvre vivante dans laquelle le prolétariat aura l'exercice de sa force d'aujourd'hui et l'apprentissage de sa gestion de demain[1]. »

On sait ce qu'il en est advenu : un système capté par la bureaucratie syndicale, bien loin de la démocratie participative ; mais il faut comprendre l'origine de cette gestion paritaire à laquelle sont attachés les syndicats, pas seulement pour des raisons opportunistes et financières. La gestion paritaire était pour Jaurès la démocratie participative des salariés à la gestion de ce capital particulier offert à ceux qui n'ont rien. Il n'y a pas de propriété sociale sans démocratie participative des ouvriers. La fiscalisation de la Sécu via la TVA sociale ou la hausse de la CSG, la CSG elle-même, auraient déplu à Jaurès. La gestion paritaire est un élément de la cogestion, elle-même partie de l'idée coopératiste.

D'où le collectivisme bien tempéré de Jaurès, qui n'est pas une étatisation, au contraire, et son fédéralisme, corrélatif du principe d'autogestion. L'existence d'une propriété collective (le sol ou le sous-sol propriété de l'État, les entreprises publiques) ou sociale (la Sécu) est indissociable de la gestion par des associations, des coopératives et des entités délocalisées. L'association des producteurs freine la démesure, l'*hubris* des ambitions privées, de la cupidité débridée qui est une menace pour la République. En 1945, les ministres communistes membres du gouvernement promouvront « la gestion tripartite » des grandes entreprises publiques : par l'État, les salariés et les consommateurs. Ce n'est pas la démocratie dont rêvait Jaurès,

1. Au congrès de Toulouse de 1908, cité par Philippe Chanial, « La République, la question sociale et l'association », *loc. cit.*, p. 12.

décentralisée, régionale. Les coopératives de Jaurès marient la démocratie participative des salariés dans les entreprises, et réalisent le vieux rêve ouvrier de faire ses affaires soi-même, et de se protéger soi-même à travers les mutuelles, et pourquoi pas de se faire crédit soi-même à travers les banques coopératives. Socialisme de petites structures, où la démocratie peut encore se réaliser, et où l'éthique des producteurs peut contrôler la qualité de la production. Car le solidarisme reste une doctrine morale avant que d'être économique, ce qui distingue les socialistes à la Jaurès des marxistes, trotskistes, extrémistes divers qui ne voient dans la « morale » qu'une superstructure idéologique destinée à maintenir la domination de la classe dominante.

Le libéralisme espérait réduire les passions politiques par l'échange et le marché, les socialistes comme Jaurès les pacifieront par l'accumulation de ce nouveau capital, le capital social. Voilà la réponse de la bergère sociale au berger libéral. L'une et l'autre prétendent pacifier les relations humaines et lier les hommes. Malgré eux pour le libéral, avec et pour eux pour le socialiste humaniste.

D'autres prétendront assouvir les passions par la grève générale et la violence populaire (Georges Sorel, Lénine). Jaurès n'en veut pas. Sa réponse à la guerre civile permanente en termes de dette est lumineuse. La guerre civile est celle des riches contre les pauvres, car ceux-ci veulent avoir accès à la propriété qu'ils n'ont pas ; créons-leur du capital : le capital que toute société constitue du fait même de son existence, l'éducation, la culture, l'entretien des faibles et des inactifs. Il ne s'agit pas de prendre aux uns pour donner aux autres, mais de restituer ce qui est légitime. Ce capital social peut être multiforme. L'éducation, la recherche, les transports publics en font partie. Léon Blum : « Comment concevoir que ce qui est nécessaire à la totalité des hommes demeure la propriété exclusive de quelques-uns ? Où sont leurs titres ? Le capital utile du monde est, pour une part, le don gratuit de la nature, et d'autre part, *l'héritage du travail séculaire de l'humanité...* N'avons-nous pas tous la même vocation aux richesses naturelles ? N'en sommes-nous pas tous, en naissant, propriétaires égaux et indivis, comme de l'air et de la lumière ? Quel jour avons-nous comme Ésaü vendu notre part en héritage ? Le travail accumulé des générations, comment une poignée d'individus s'arrogerait-elle le pouvoir d'en détenir, à elle seule, le profit et l'usage ? C'est à tous les hommes que doit revenir le bien créé par tous les hommes. C'est la collectivité présente qui est la seule héritière légitime de la collectivité indéfinie du passé[1]. » Bien. Je suis l'héritier de Velázquez autant que Picasso. Je n'ai pas le droit de posséder un tableau de Velázquez chez moi, moins encore de le brûler avec mon corps à ma mort. Je le comprends. Suis-je pour autant propriétaire des Picasso ? Certes non, tant que Picasso vit. Mais quand il meurt, oui. Ce que dit Blum va très loin : en tant qu'humain, j'ai droit aussi au pétrole de l'Arabie Saoudite et d'ailleurs.

Aujourd'hui, la question sociale est ramenée à des préoccupations comptables d'équilibres actifs/inactifs et de calculs sur l'espérance de vie et la durée des cotisations, honorables, mais dont on a oublié le sens. Bourgeois, Jaurès et les associationnistes avaient répondu à la question posée en 1848 aux grands ancêtres de 1789 : quid de la démocratie, de l'égalité, s'il n'y a pas de justice sociale ? Si l'égalité sociale ne vient pas compléter l'égalité des droits, alors les hommes se révolteront.

On mesure l'actualité de Jaurès avec la question de la dette souveraine des États. Le paiement des intérêts sur

---

1. *Pour être socialiste, op. cit.*, pp. 40-41.

la dette souveraine est inadmissible, car fondamentalement antisocial. Lorsque les intérêts de la dette deviennent le premier poste d'un budget, devant l'éducation, le paiement d'intérêts aux capitalistes passe devant la constitution du capital éducatif. C'est inadmissible, inadmissible à un degré supérieur, si l'on peut dire.

On ne doit pas dilapider le capital humain, social, intellectuel et laisser des dettes aux enfants. Autant il peut être valide, moral de transférer du capital des uns aux autres, transversalement, autant il est immoral de brûler ce dont on a hérité et de laisser des cendres ou des dettes à rembourser à ceux qui viendront après nous. Le solidarisme de Bourgeois et Jaurès implique un respect du capital humain (et physique, cela va de soi) qui doit se transmettre de génération en génération. C'est pourquoi le progrès, chez les socialistes humanistes, a un sens particulier. Il est le contraire du progrès marxiste ; il est le contraire de la *tabula rasa* ; la table rase, c'est le libéralisme, c'est la mondialisation aujourd'hui, la destruction des bancs de poissons, des forêts, des ressources naturelles ; c'est Khrouchtchev, son capitalisme d'État et le siphonage de la mer d'Aral ; c'est l'uniformisation du monde, la massification dans le salariat universel, c'est le contraire du socialisme humaniste. Le socialisme humaniste est une sédimentation. Il ne détruira jamais pour construire, comme le libéralisme de Schumpeter ou le socialisme de Lénine. Il y a quelque chose d'étonnant chez Bourgeois et Jaurès, complètement oublié des modernes (nous) : une société ne doit jamais renier son passé, et même le renier le moins possible. Un libéral, un seul, ira dans le même sens : Hayek.

Jaurès soutient le premier gouvernement de Léon Bourgeois, et Bourgeois salue « ces socialistes qui veulent la paix contrairement à ceux qui prêchent la violence et la haine », et qui, comme lui, cherchent à dépasser le conflit entre individualisme et collectivisme. Il faut, dit un autre grand solidariste, Alfred Fouillée, « accroître simultanément la vie individuelle et la vie sociale », autrement dit ne pas détruire le capital patiemment accumulé par les hommes, de génération en génération. Que l'on compare cette vision « patrimoniale » de la vie humaine avec celle du capitalisme de Max Weber.

Si la « sociale » de Jaurès ne pouvait être envisagée sans la démocratie participative, l'autogestion et la nation, le socialisme du XXe siècle n'est donc pas jauressien. Le capitalisme a poussé le socialisme dans l'utopie du progrès perpétuel, du mouvement perpétuel de la destruction créatrice qui est sa raison de survivre. Le capitalisme mène une guerre permanente à la société, en modifiant les structures, les besoins, les marchés, les comportements ; il en institue la pression et le mouvement brownien permanents qui empêchent les hommes de s'arrêter, de penser et de vivre. Le socialisme est parti gaiement avec lui dans la roue du hamster. *À son tour, il mène la guerre civile perpétuelle pour le compte du capitalisme.* Il est devenu le condottiere du capital.

Une dernière pierre, ajoutée à l'humanisme de Jaurès et son amour du passé : son refus du positivisme. Présent dans ses deux thèses de doctorat[1], on le retrouve dans « La question religieuse et le socialisme », un texte de 1891 où il refuse le monde borné des positivistes : « En supprimant le prolongement métaphysique de tous les problèmes, le positivisme a circonscrit la science elle-même à un horizon sec et étroit. [...] Nier les aptitudes de l'âme humaine pour l'infini, c'est supprimer toute spontanéité religieuse

1. *De la réalité du monde sensible* et *Des origines du socialisme allemand chez Luther, Kant, Fichte, Hegel*, thèse rédigée en latin.

et substituer la religion, qui est la chose de tous, le gouvernement des pontifes de la science [...], d'où l'incapacité des positivistes à comprendre le socialisme, qui est la recherche de l'absolue justice des hommes entre eux[1]. »

Ainsi, avec Jaurès, se dessinent en négatif les travers du socialisme moderne : technocratique, statistique, étatique et non démocratique, globaliste, mondialiste, libre-échangiste, oubliant la morale au nom de l'efficacité et de la gestion, refusant le passé au nom du progrès et de la modernité, oubliant l'hymne à la beauté de celui qui voulait, je cite, « marcher et chanter, et délirer même sous les cieux, respirer les larges souffles et cueillir les fleurs du hasard ». Les fleurs du hasard ! Y a-t-il métaphore plus antitechnocratique ? Et cette phrase sublime du député du Tarn : « L'humanité est comme un grand artiste toujours en progrès. »

1. Cité par J.-M. Ducomte et R. Pech, *Jaurès et les radicaux*, Privat, 2011, p. 47.

CHAPITRE 8

Les larmes de Blum ou l'impossibilité de changer les choses

> « Seul Léon Blum, à qui pourtant nulle place n'avait été offerte, parla avec élévation. »
>
> Charles de Gaulle, *Mémoires de guerre*

Le 23 juillet 1873, le sang de la Commune à peine séché, la France est consacrée au Sacré-Cœur de Jésus dont l'architecture spectrale domine Paris. Mais la République s'installe, et les avancées des républicains sont considérables : les lois sur les libertés syndicales, sur la liberté de la presse, sur les assurances sociales, sur l'instruction publique et obligatoire, sur l'instruction des jeunes filles, sur le divorce, sur la liberté des funérailles, la grande loi sur la laïcité de 1905. La gauche avance, avec les socialistes qui décident enfin de participer au gouvernement.

Les voilà aux commandes avec les radicaux : dans la majorité du Bloc des gauches de 1902 à 1906, dans les gouvernements de l'Union sacrée de 1914 à 1918, dans la majorité du Cartel des gauches en 1924-1926, et surtout dans le gouvernement du Front populaire de 1936 à 1938, avec les radicaux. Là, les socialistes tiennent vraiment le pouvoir. Les communistes n'ont pas voulu participer au gouvernement. Le gouvernement Blum dure un peu plus d'un an. Il marque à jamais l'inconscient collectif des Français ; le « Front popu » est la quatrième révolution, après 89, après 48, après 70 et la Commune, et celle-là réussit. Pourquoi ? Pour un été merveilleux, que la France ne retrouvera ensuite qu'en Mai 68. Vacances, fêtes, baignades, plaisir, sourires, danses, bals populaires. La France chante. « Heureux comme Dieu en France ! » La France aime les flonflons, le bonheur populaire, le bonheur des gens simples, elle n'est pas bégueule, elle rit. Dans moins de quatre ans elle pleurera. Et Blum se heurte au « mur de l'argent ».

Ah ! le « mur de l'argent ! » Combien de fois la section SFIO de Muret l'invoqua-t-elle, impuissante ? Comme si le capitalisme pouvait se laisser exproprier paisiblement, comme ça, allez, on vous laisse la place… En 1924, le Cartel des gauches emmené par Herriot est renversé par la Banque de France et son gouverneur Moreau, celui-ci refusant les avances nécessaires au budget de l'État et menaçant de révéler une vraie-fausse comptabilité pratiquée dans ses locaux avec l'aval des pouvoirs publics pour rallonger un peu la sauce budgétaire. Naissent deux grands mythes français, le « mur de l'argent », et les « deux cents familles ». Les « deux cents familles » sont les deux cents plus gros actionnaires de la Banque de France, alors banque privée. Elles dominent la France et composent ce mur de l'argent auquel, inéluctablement, se heurtera tout gouvernement de gauche. Ce mur revenait sans cesse dans les conversations de Muret. Oui, d'accord, mais « le mur de l'argent »… Oui, il faudrait ceci et cela, mais « le mur de l'argent »… C'était Fantômas, invisible, ubiquitaire, maudit et malin, diabolique, surgissant maléfiquement pour interrompre toute belle réforme rendant la vie tellement heureuse. En fait de bonheur futur, ces gens eussent dû savourer le leur, qui fumaient cigarettes et cigares, buvaient du bourgogne et consommaient la charcuterie de l'Élysée (Auriol s'approvisionnait à Muret). Et encore le « mur de l'argent », entre fromage et dessert : « Marx n'avait pas prévu que le capitalisme s'adapterait », phrase entendue mille fois sinon jamais. Soupirs, rhétorique, vapeurs d'alcool. Puis il y eut le putsch d'Alger, et les anciens du maquis qui, les yeux brillants, se retrouvèrent d'un coup prêts au combat, miraculeusement, avec quelques policiers toulousains issus de la Résistance également. L'OAS n'avait qu'à bien se tenir. Le malheur, bien classique, devait venir plus tard, quand mon père perdit son travail. *Das Kapital* l'avait rattrapé.

Mitterrand et son union de la gauche se heurteront aussi au mur, en laissant faire au malheureux Bérégovoy la pire politique monétaire et financière destinée à apaiser les forces de l'argent. La IVe République aussi était morte dans une crise financière, lorsque le FMI lui avait refusé le renouvellement d'un prêt, sachant bien que cet argent finançait la guerre d'Algérie. Aujourd'hui, le « mur de l'argent » s'appelle « les marchés ». Les marchés ne voudront pas que, les marchés réagiront, les marchés ceci cela…

Revenons à Blum. Cette fois, ce n'est pas la Banque de France (Vincent Auriol, ministre des Finances, l'avait mise sous tutelle et avait déclaré le franc inconvertible) qui paralyse son gouvernement, mais le Sénat qui lui refuse les pleins pouvoirs financiers. Blum qui voulait acheter des avions, accusé au passage d'être belliciste !

Blum, c'est le mythe du bonheur socialiste éphémère. Encore aujourd'hui, la vague rose du Front populaire nous monte aux joues et nous attendrit, avec les piaillements des enfants découvrant la mer, les beaux films de Renoir, *La vie est à nous*, *La Marseillaise*… Au Front populaire furent jetées quelques calomnies : Salengro était un déserteur, Blum aurait préparé la défaite (en fait, il augmente courageusement les crédits militaires et nationalise les usines d'armement pour accroître leur productivité, mais on entendra cette critique de Blum qui prépare le désastre de 1940 jusque dans la bouche de François Fillon[1] ; elle rendait mon père, militaire dans l'âme, malade), Blum aurait détruit le goût du travail – Daladier, en 1938, prétendra remettre la France au travail. Ah, cette France paresseuse que fabriquent éternellement les socialistes, ces funestes 35 heures !

En fait, c'est la catastrophique déflation Laval et son imbécile politique de baisse des dépenses publiques au moment où l'Allemagne réarme qui accroissent le retard militaire de la France. Et Blum sent bien que le premier acte d'une Seconde Guerre mondiale se joue en Espagne, avec le déclenchement de la guerre civile. Il a reçu ce colonel de Gaulle aux idées militaires étranges. Comme peu de gens, Marc Bloch par exemple, Léon Blum a lu *Mein Kampf*. Il y a lu que la France serait à jamais « le pire ennemi, l'ennemi mortel, l'ennemi impitoyable de l'Allemagne, et qu'il convenait de l'isoler pour la briser ». Il est favorable à une intervention de la France en Espagne, rapide, pour tuer la rébellion dans l'œuf ; il accepte la demande d'avions du président espagnol du Frente popular, le frère aîné de quelques mois du Front populaire français. Daladier, vice-président du Conseil et ministre de la Défense, donne son accord ! Pierre Cot, ministre de l'Air, accepte évidemment, saute de joie, Vincent Auriol l'applaudit… et Blum se rétracte. Blum change d'avis, suite à une violente campagne de la presse de droite l'accusant de jeter la France dans la guerre. Et voilà qu'une majorité de radicaux retournent leur veste, refusent aussi, ainsi qu'une bonne part des socia-

1. « Le rôle et la responsabilité du Front populaire dans l'effondrement de la France », discours à l'Assemblée, le 2 octobre 2002.

listes ; et que l'allié britannique s'en mêle, qui redoute un gouvernement communiste à Madrid. La presse de droite redouble ses attaques, pour qui « mieux vaut Hitler que Léon Blum ». Blum pense que s'il propose cette intervention, son gouvernement sera renversé au profit d'une coalition radicaux-droite – la coalition qu'emmènera d'ailleurs Daladier en 1938 vers les brillants accords de Munich.

Que faire ?

Se soumettre ou se démettre ?

Se soumettre. Il propose « le pacte de non-intervention », respecté par les Anglais, copieusement violé par les Allemands et les Italiens, violé par le trafic d'armes qu'effectuent les Russes contre l'or de la Banque d'Espagne, violé discrètement par les Français par le trafic d'armes avec la République mené par Pierre Cot, Jules Moch, Jean Moulin et Vincent Auriol.

Et Blum pleure. Cela se passe au Luna Park, le 6 septembre 1936. Blum explique aux militants socialistes de la Seine la non-intervention. Contre ceux qui l'accusent de trahison, il exprime les déchirements personnels profonds qu'il ressent devant la nécessité d'une non-intervention. Il ne reviendra pas sur sa décision, car sa position de chef de gouvernement lui réclame d'agir non pas dans une logique partisane mais *dans l'intérêt de la nation.* « La non-intervention en Espagne est le meilleur moyen d'éviter la guerre en Europe »… La preuve fut donnée trois ans plus tard. Blum explique qu'il faut être raisonnable et non passionné. Oublions les mythes, les passions, sachons raison garder. « Est-ce que vous croyez que mon cœur est moins déchiré que le vôtre ? » Il chevrote, de longs silences pétrifient l'assistance qui pleure aussi, et qui l'ovationne à la fin, entonnant debout *L'Internationale.* Il a rencontré des représentants du Frente Popular le matin même. Mais la France n'honorera pas le traité d'assistance signé avec l'Espagne en 1935, et Blum mettra sur un même plan, suivant une bizarre illusion d'optique, selon que l'on regarde l'Espagne des prorépublicains ou des profascistes, le gouvernement de Madrid démocratiquement élu et le gouvernement de Burgos issu d'un coup d'État militaire.

Il faut savoir raison garder, mais la raison était déraisonnable, qui conduisit plus rapidement à la défaite que ne l'aurait fait l'intervention en Espagne. Tellement facile de le dire aujourd'hui, tellement facile…

À la section SFIO de Muret, Alexandre pleure aussi. Instit en 1936, la même promo que mon père, sous-lieutenant comme lui (en ce temps-là les Jeunesses socialistes exigent que les militants soient officiers), il est au 49e RI de Bayonne alors que mon père est au 14e RI de Toulouse. À Bayonne, les Basques rêvent d'en découdre avec les fascistes. « Une nuit… alerte. Tous debout, en tenue, équipés. Les moteurs des camions tournent. On est pétrifiés de joie… Ça y est, on y va ! On part en Espagne ! » Fausse alerte, exercice encore. Alexandre avait juré de ne jamais revenir en Espagne du vivant de Franco (il est mort trop tôt). Il part dans les Brigades internationales. Cela ne suffira pas. Blum a perdu l'occasion d'éviter le désastre de 1940.

La gauche sera-t-elle résistante ? Oui. En partie. Mais la droite aussi. Et une autre partie de la gauche ira à Vichy, et votera les pleins pouvoirs à Pétain (une majorité de députés SFIO, il faut le redire, vote l'abolition de la démocratie). Blum, Auriol votent non à Pétain, évidemment. Mais Gaston Allemane, le neveu du grand Jean Allemane, fondateur du Parti ouvrier socialiste-révolutionnaire, puis de la SFIO, vote pour, et d'autres avec lui, fatigués sans doute de la guerre. Mandel, Jean Zay, Pierre Mendès France partent sur le *Massilia* ; mais la gauche n'embarquera pas sur ce bateau qui devait conduire ceux qui refusaient l'armistice à Alger pour poursuivre la guerre. Jean

Zay et Georges Mandel seront assassinés par la Milice[1]. Mendès sera ignoblement accusé de désertion, emprisonné, s'évadera, se battra.

Le grand vent de la Résistance souffle enfin sur la gauche, lorsque les communistes, qui avaient pactisé avec Hitler, se battent contre lui. Mais la Résistance, la Libération, c'est aussi et surtout de Gaulle et Leclerc, la droite catholique et monarchiste, même si Rol-Tanguy, ancien des Brigades internationales, se bat jusqu'à la libération de Paris, même si les premiers chars qui y entrent portent les noms de villes espagnoles théâtre des combats de la guerre civile, *Brunete*, *Guadalajara*, *Belchite*. La compagnie du capitaine Dronne s'appelle *La Nueve*. Un cousin de notre militant SFIO de Muret, le lieutenant Granell, au beau nom catalan, foule le premier le pavé parisien. Son half-track arbore un drapeau français et un drapeau de la République espagnole, rouge-jaune-violet. À Paris, les drapeaux de la République espagnole fleurissent sur leur passage. C'est *La Nueve* qui escortera de Gaulle dès son arrivée. Les combattants espagnols de la France libre ont effacé, avec un peu de pitié dans la voix, les larmes de Blum.

Ces larmes disent : « On ne peut pas tout faire ; on a tout essayé, mais on ne peut rien faire ; on a tout essayé pour le chômage [François Mitterrand] mais on ne peut rien faire ; on voudrait, on voudrait bien comme vous, mais on ne peut agir ; l'État ne peut pas tout faire [Jospin], mais je reste là, je reste l'État, je reste au pouvoir. » Vous

---

1. « Le malheureux Georges Mandel est parti seul. Nous l'avons aidé à préparer son bagage. Il ne se faisait pas la moindre illusion sur ce qui l'attendait. Jamais nous ne l'avions vu plus calme, plus posé, plus lucide. Nous avons suivi de notre fenêtre l'auto qui allait le conduire à l'aérodrome, emplis par le même pressentiment sinistre » (Léon Blum, à Buchenwald).

ne pouvez rien faire ? Alors laissez gouverner la droite, qui, elle, est là pour ne rien faire, pour garder la jouissance du pouvoir et des ors de la République, ou pour détruire, inlassablement, le collectif, le social et le remplacer par des images à quatre sous vendues pour le populo sur le parvis de Notre-Dame, la grandeur, l'identité, l'ordre, la force, l'autorité, la France éternelle des cathédrales, précisément ! Ne prenez pas le pouvoir si vous ne pouvez agir – Sartre a écrit une pièce sur le thème[1].

Est-ce pour effacer ces larmes que la SFIO va mener la guerre coloniale ? Ou est-ce, encore une fois, *pour faire mieux que la droite sur le terrain de la droite* ? En octobre 1945, de Gaulle propose à Léon Blum de lui succéder. Blum refuse. Puis Blum et ses amis perdent le pouvoir au sein du Parti socialiste. Au 38e Congrès, Blum et Daniel Mayer se voient opposer la motion Guy Mollet, pure et dure, qui, au nom du marxisme et de la lutte des classes, leur fait une critique « communiste orthodoxe », il n'y a pas d'autres mots. On a envie de rire, mais on va pleurer une fois de plus.

Guy Mollet et la gauche reviennent au pouvoir sous le nom de Front républicain le 1er février 1956. Ce gouvernement aura la plus grande longévité de la IVe République. Avec lui, Pierre Mendès France et François Mitterrand, ministre de la Justice (Mendès France, hostile à la politique répressive menée en Algérie, démissionnera assez rapidement). Guy Mollet rentre d'Alger couvert de tomates ; il nomme Robert Lacoste ministre résident. Le gouvernement porte le service militaire à trente mois, le nombre d'appelés en Algérie double : quatre cent mille soldats font la guerre. En novembre 1956, le gouvernement décide l'expédition de Suez. Le 7 janvier 1957 commence

1. *Les Séquestrés d'Altona.*

la bataille d'Alger, menée par les parachutistes. Plus tard, Guy Mollet votera les pleins pouvoirs à de Gaulle et deviendra son ministre d'État (d'État), chargé du… « statut des fonctionnaires ». Pouvait-on épingler titre plus minuscule à un ministre d'État ? PMF refuse de voter les pleins pouvoirs à de Gaulle. Guy Mollet les vote. Guy Mollet fut un grand résistant. PMF, un grand combattant. Mitterrand, un résistant. Robert Lacoste, un grand résistant. Personne ne discute du courage de ces hommes, surtout pas de Gaulle, qui répétait à qui voulait l'entendre que Guy Mollet fut un camarade de combat.

D'où vient cette gêne alors, lorsqu'on évoque les noms de Guy Mollet, Robert Lacoste, ou encore Max Lejeune ? Quelle vague amère nous submerge maintenant avec la guerre d'Algérie ? Oui, le sentiment que la gauche voulut faire mieux que la droite. Cette politique coloniale abhorrée par Jaurès, ce mépris raciste, cette répression odieuse, cette torture que les résistants ont subie, voilà que des Français les font subir à un peuple humilié et méprisé, des militaires français couverts par un gouvernement socialiste, et qui, après la gloire auprès de Leclerc (Jacques Massu, Massu le « corsaire », disait Leclerc), vont découvrir la fange des opérations de police. « Sommes-nous les vaincus de Hitler ? » demande Hubert Beuve-Méry dans *Le Monde*. Oui, Robert Lacoste, Guy Mollet, François Mitterrand, qui, comme ministre de l'Intérieur, clame « l'Algérie c'est la France » et, comme terrible ministre de la Justice, refuse la grâce de tous les condamnés à mort, sont les vaincus de Hitler. Certes, les socialistes acceptent la mise en place d'une commission d'enquête, dite « commission de sauvegarde », dont les résultats ne seront pas publiés. Il faudra la ténacité du Pierre-Henri Teitgen, démocrate-chrétien, MRP, pour « comptabiliser » les disparus et marquer au moins d'une image, d'un symbole, d'un signe, d'une simple croix sur une liste de noms dactylographiée ceux qui ont fini au fond de la mer. Guy Mollet démissionne. Lacoste reste. Finalement *Le Monde* publie le rapport de la commission de sauvegarde, mais Robert Lacoste minimise les faits, et rien ne change. La répression continue. Lacoste accuse les contempteurs de la torture, qu'il appelle « les exhibitionnistes du cœur », de favoriser le terrorisme… Robert Lacoste ! Qui accompagna le général de Gaulle en 1945 à sa première visite d'Oradour-sur-Glane. Quitte l'Algérie en 1958. Redevient député, puis sénateur. Meurt paisible à 91 ans. A sali les mots Socialisme et Résistance.

La guerre d'Algérie provoque une scission chez les socialistes. Raymond Badiou, le père du philosophe Alain Badiou, maire de la quatrième ville de France, Toulouse, démissionne pour protester contre la guerre et le ralliement de Guy Mollet à de Gaulle. Il participe à la fondation du PSA, Parti socialiste autonome. Professeur de mathématiques, enseignant au Maroc, il eut un élève particulièrement doué, une sorte d'Évariste Galois, « un génie des maths comme on n'en rencontre jamais », disait-il : Medhi Ben Barka. Pour son malheur, Medhi Ben Barka choisit la politique et non la mathématique. Les sbires d'Oufkir le torturèrent et l'assassinèrent. Les sbires de Massu avaient fait de même avec le jeune mathématicien Maurice Audin, l'un des disparus de Pierre-Henri Teitgen. Il est vrai qu'on ne fait pas d'omelette sans casser les œufs, c'est peut-être ce que voulait dire Lacoste en parlant des « exhibitionnistes du cœur ».

La section SFIO de Muret connaît un traumatisme terrible. Oui, non au référendum ? Que de discussions ! Une petite moitié passe au PSA, Alexandre et le paternel en tête, avec Badiou père et fils. Et Galdon. Les autres,

Samouyan, Meyer, Granell, et même Bajon-la-mitraillette !, suivent Guy Mollet.

Je dois être l'un des derniers Français à avoir appris que François Mitterrand avait une fille « naturelle », comme on dit. J'ignorais totalement que la police française, ma police, celle que je paye, eût été dévouée à la protection du secret et de l'enfant. Lorsqu'en 1981, avant les élections, circulèrent les bruits sur l'attentat de l'Observatoire, totalement bidon, monté par Mitterrand lui-même, je fus horrifié : comment la droite pouvait-elle salir un tel homme ? Et quand la polémique s'amplifia avec cette affaire de francisque, je manquai d'étouffer. Quelle ne fut pas ma surprise de découvrir, plus tard, que non seulement c'était vrai, mais que Mitterrand fleurissait en plus la tombe de Pétain, et qu'il protégeait l'un des responsables de la rafle du Vél d'Hiv', René Bousquet, son commensal et ami, lui qui avait peu d'amis et moins encore de commensaux. Ça fout un coup à l'estomac, sec, ça vous coupe l'appétit. Heureusement pour lui, mon père, mort avant la publication du livre de Pierre Péan, est parti dans la tombe avec la conviction que seule la droite, la droite française, « la plus bête du monde » (Guy Mollet), était capable de ragots aussi ignobles sur le successeur de Giscard, pour lequel il vota la mort dans l'âme – mais que faire ? – au moment même où le Stade Toulousain renouait avec la victoire en championnat de France. Je pense que la victoire des Rouge et Noir – un symbole de gauche tout de même ! – lui fit autant de plaisir que celle de l'ami de Bousquet, qu'il avait fréquenté lorsqu'il dirigeait une association de prisonniers de guerre, et pour lequel il avait, lui, l'ancien officier, une admiration non pas intellectuelle – il détestait ses idées – mais « physique » : « Un homme qui n'a pas peur, disait-il. Mais un menteur. Un homme qui ne dit jamais ce qu'il pense et ne pense jamais ce qu'il dit. » Pourtant, cette histoire de francisque et d'amitié avec Bousquet lui semblait évidemment inventée.

Le 16 juillet 1992 est le cinquantième anniversaire de la rafle du Vél d'Hiv' (treize mille juifs arrêtés par la police de Bousquet, dont quatre mille enfants). Mitterrand assiste à la cérémonie. C'est la première fois qu'un président de la République le fait. Une partie de l'assistance le hue. Mitterrand n'a jamais reconnu la culpabilité de quiconque dans la rafle, sauf celle de « Vichy », métaphore ectoplasmique qui permet d'exonérer des hommes de chair et de sang, de sang sur les mains concrètement, de ce Bousquet qui finança sa première campagne présidentielle, et dont il réussit à faire retarder et encore retarder le procès jusqu'à ce qu'un idiot bienvenu l'assassine. « La République n'est pas comptable des actes du régime de Vichy », dit-il. Huées. Robert Badinter monte sur ses grands chevaux en bois de carrousel. Il braille, il beugle, il n'y a pas d'autre mot : « Vous me faites honte ! Vous me faites honte ! Les morts vous écoutent ! Je ne demande rien que le silence ! Vous déshonorez la cause que vous croyez servir ! » Le beuglement comme argument. Un frisson d'aigreur parcourt l'assistance. Qui sait pourquoi les sifflets du serviteur du Prince, beaucoup plus que les murmures de la foule, me gênent ? Et me gênent les paroles du *Temps des cerises* demandé par le président pour ses obsèques, ces cerises rouges comme les tapis qu'il exigea toujours pour le moindre, le plus minuscule de ses déplacements ? Je ne suis pas étonné que Mitterrand ait souhaité rencontrer Ernst Jünger. De Gaulle, lui, fréquentait Genevoix. Chacun les siens.

Chirac fut le premier à rendre responsable – enfin ! – non l'État français, l'administration, les pouvoirs publics, la haute fonction publique, les institutions (rayez les mentions inutiles) de l'oppression des juifs de 1940 à 1944, mais la France. Rien que pour cette phrase, sa présidence est sauvée : « La France, patrie des Lumières et des droits de l'homme, terre d'accueil et d'asile, la France, ce jour-là, accomplissait l'irréparable. Manquant à sa parole, elle livrait ses protégés à leurs bourreaux. » Chirac eut raison d'évoquer la France ; c'est dur à entendre, c'est vraiment dur, surtout pour un type du Midi comme moi qui a mis si longtemps à devenir français, mais c'est elle, la nôtre, la douce, la belle, la semeuse, « *la moisson de nos champs lassera les faucilles / et les fruits passeront la promesse des fleurs* », c'est bien elle, la douce France, cher pays de mon enfance, qui massacra à Sétif moins de trois ans après avoir raflé à Paris. Quel socialiste démissionna ce jour-là ?

Est-il sûr que Mitterrand fut un grand président ? Chirac, sur la fin de son mandat, comprit du moins l'enjeu écologique. « La maison brûle et nous regardons brûler » n'est pas une boutade cynique – je l'ai cru longtemps. Avant sa conversion, politicard, combinard, Chirac poussa le souci écologique en agriculture jusqu'à nommer le président des empoisonneurs aux pesticides et autres fabricants de lisiers et d'algues vertes, je veux dire le président de la FNSEA, ministre de l'Agriculture. Après 2002, il eut une politique médiocre. Alors qu'il avait l'unité de la nation sur un plateau (80 % des Français avaient voté pour lui), il fit une politique sectaire au petit pied, avec un Premier ministre niveau employé communal (métier respectable, mais communal) qui en était encore à se poser la question des rapports du petit commerçant avec la grosse distribution – quelle envergure, tudieu ! Et pourtant le sauve cette autre phrase, éloge de la Résistance, prononcée après celle de la culpabilité : « Je veux me souvenir que cet été 1942, qui révèle le vrai visage de la "collaboration", dont le caractère raciste, après les lois antijuives de 1940, ne fait plus de doute, sera, pour beaucoup de nos compatriotes, celui du sursaut, le point de départ d'un vaste mouvement de résistance. » On comprend que Le Pen le haïsse. Ce n'est pas Chirac qui enverrait des fleurs à l'île d'Yeu. François Hollande, le 20 juillet 2012, pour l'anniversaire de la rafle, reconnut à son tour la responsabilité de la France et rendit hommage à son prédécesseur : chapeau.

CHAPITRE 9

Mai 68

« Le défaut de votre âge est le choix aventureux plutôt que le calcul mercenaire. »
Léon Blum

Ce n'était plus la SFIO mais le PSU qui se réunissait chez mon père. Des petits jeunes nous avaient rejoints, des lycéens qui allaient constituer les bouillonnants CAL, Comités d'action lycéens, au cœur desquels se trouvait un futur président du Sénat. Personne ne croyait plus à la gauche. De Gaulle était éternel. Les gaullistes avaient promis qu'ils seraient au pouvoir jusqu'en l'an 2000. En 1966, mourut Vincent Auriol. Il y avait longtemps que nous ne le voyions plus. La guerre d'Algérie était finie, la France s'ennuyait. Et… Mai 68.

Je ne me suis jamais remis de Mai 68. En mai, pendant quelques jours, j'ai touché enfin du doigt la révolution, la vraie. Mai 68 est un des rares moments de l'histoire des sociétés où le temps s'arrête, le pouvoir devient absent, et les nuages, le ciel et les étoiles réapparaissent dans toute leur intensité. Et avec elles les sourires et les corps des femmes, et plus généralement la fraîcheur de la vie et du désir. Mai 68 est ce moment où le voile de ce que nous prenions pour le réel se lève sur celui de la beauté, la beauté cachée, qui est aussi la réalité à jamais dérobée aux individus par la « vie sociale ». « Sous les pavés la plage » est le slogan le plus vrai et le plus beau de Mai 68. Oui, sous les pavés, sous le goudron, sous la grisaille des jours et des vies, il y a la plage ensoleillée, regardez-la, vite, profitez-en, car le rideau va retomber. Mai 68 est le moment où la population ne cède par sur le désir. « Ne jamais céder sur le désir » (Lacan). « Prenez vos désirs pour des réalités », « Il est interdit d'interdire », c'est ce qui se passe en Mai 68, en France en 36, à Barcelone la même année, à Paris en mars 1871. Les gens ne cèdent pas – brièvement, car la réalité reprend le dessus comme on dit, sauf que ce n'est pas la réalité, c'est la gangue, la fange qui se fait passer pour réalité (et hors de laquelle parfois vous apercevez quelques lueurs, l'affection qu'on vous porte, la phrase d'un ami, le sourire d'un amour naissant et d'autres choses aussi belles).

Mai 68 atteignit de plein fouet les socialistes de Muret. Certains des maquisards prirent parti pour l'ordre, et curieusement Alexandre : « Je suis comme Proudhon : un anarchiste qui aime l'ordre », dit-il. Mais mon père repartit dans les manifs et fut l'un des ardents débatteurs de la fac de lettres. Galdon se crut à Barcelone. Tout était délicieux, Marx, le social et le reste, et on parlait pour ne rien dire, et on disait des choses merveilleuses. Récemment, j'ai lu qu'Alain Badiou ne s'était jamais remis non plus du traumatisme de Mai 68, qui fut son chemin de Damas, alors qu'il aurait dû, je cite, « devenir un brillant parlementaire et un homme d'État réformateur » – après tout, il était du même parti que Michel Rocard, lui aussi en ce temps plus révolutionnaire que les révolutionnaires, et futur « réformateur » s'il en fut.

Pourquoi Mai 68 est-il essentiel pour le socialisme ? Parce que ce moment dévoile – pendant quelques instants, très brefs, une semaine ou deux pas plus, avant que les bureaucrates, les hommes d'appareil, les professionnels de la politique reprennent le dessus à droite comme à gauche – ce que pourrait être une société joyeuse et fraternelle, absolument égalitaire, où le désir n'est pas bridé. « Jouissez sans entraves » n'était pas un vain slogan : jouissez dans de longues nuits de palabres, en écoutant le Leaving Theatre (moment inoubliable), en partant à Avignon pour une magnifique chorégraphie de Béjart tout à coup dense de sens, en baguenaudant simplement, en buvant un café à une terrasse, car tout, même les moments les plus simples, prenait une densité éternelle. Vacances : mot plein de sens. Sans doute est-ce cela le communisme (ou le socialisme) : le moment où tous les moments sont éternels, ensoleillés, poétiques, infiniment poétiques, violents aussi, joyeux toujours. « C'est aussi exaltant que la Résistance, me dit mon père. Le jour inoubliable où nous sommes partis au maquis… »

Les Mai 68 s'oublient. Et le ronron revient. Le ronron peut être d'écrire un roman ou d'entamer une thèse géniale (ou pas géniale, ce que je fis une dizaine d'années plus tard), plus prosaïquement d'aller au turbin en écoutant Gainsbourg, qui n'a plus du tout la même saveur. Grâce à Mai 68, j'ai écrit dans *Charlie Hebdo*, et partageai longtemps la page de Gébé, qui écrivit sur 68 un film génial, *L'An 01*, d'une fraîcheur éternelle. Grande fut ma chance de fréquenter longtemps Gébé, et les autres.

On dira que Mai 68 fut le carnaval, le temps bref de l'inversion permis par l'ancienne société, où les hiérarchies disparaissent et les masques cachent les inégalités : plus de riches, de pauvres, de serviteurs et de maîtres, de beaux et de laids ; durant le carnaval, le couvercle de la marmite est soulevé, et la future jacquerie, la future violence de l'égorgement des riches, peut s'évaporer. Peut-être. Sauf que Mai ne désirait pas remettre le pouvoir à ceux qui l'avaient si brièvement perdu : les patrons, les journalistes de la télé, les syndicalistes pressés de retrouver leur statut de négociateurs. Et le carnaval est un rite, lui aussi, inverse de celui de la société, mais tout aussi contraignant. Mai 68 était différent. C'étaient un enthousiasme et une créativité inimaginables. Que certains aient détourné cette créativité, comme les révolutionnaires de Mai 68 détournaient les pubs, vers la pub elle-même précisément, ou le commerce (voir les slogans « la révolution commerciale » et les « produits libres » de Carrefour), est attristant ; mais c'est bien la preuve de l'incroyable adaptabilité du caméléon « Capital » qui rendait mélancolique la section de Muret. Mais ça n'empêche pas cette évidence : Mai 68 sut révéler les perversités du capital et les tares de cette société qui est la nôtre et continue gaiement son chemin, guidée par la marchandise, l'argent, le scientisme, le culte de l'imbécillité, la détestation de la beauté et la destruction de la nature, l'infernale utilisation de l'école et de l'université comme fabrication d'outils à produire[1]. En particulier, Mai 68 refusa deux choses : l'aliénation au travail et la société de consommation ; et en promut une troisième, liée aux précédentes : l'écologie.

Que sont les enfants de 68 devenus ? Maintes commémorations firent revivre leurs tragiques parcours, du maoïsme à la pub, du maoïsme à l'ultralibéralisme, du situationnisme au grand commerce international ou à la prostitution médiatico-spectaculaire la plus basse, de l'anarchisme au commentaire de foot, ou à la politique, ou aux deux (Daniel Cohn-Bendit) ; à la respectabilité sénatoriale,

1. La ministre de la Culture socialiste déclarait récemment qu'elle « était allée à l'école pour aller à l'école, et non pour apprendre un métier ». Très 68.

à la haute fonction publique, dans le meilleur des cas au roman ou à l'édition. Quelques-uns se suicidèrent, après avoir longtemps erré et pleuré *dans le café de la jeunesse perdue*[1].

En Mai 68, le paternel et moi allâmes écouter le sénateur Mériq, futur secrétaire d'État aux Anciens Combattants, expliquer, à propos de je ne sais plus trop quoi, qu'il y avait un manque de crédits et qu'il fallait que l'État prenne ses responsabilités. Sur le chemin du retour, un fou rire nous saisit, un des plus idiots et merveilleux fous rires de ma vie, mon père reprenant « le manque de crédit » et « l'État doit prendre ses responsabilités » sur tous les tons, avec la docte voix du sénateur Mériq.

Mai 68 enfin a dévoilé la société du spectacle dans toute son horreur, société devenue hypertrophiée depuis, prégnante, envahissante comme une maladie. On comprend que Mai 68 ait été haï par ce jeune homme de Neuilly devenu président de la République. Il se peut que les nouvelles technologies, Internet, sonnent le glas de cette société et prépare quelque chose de différent, à travers des concepts comme le logiciel libre, le *peer to peer*, la production libre entre égaux, par exemple. En ce cas, la technique rapprocherait l'homme du socialisme en créant de nouveaux espaces « communs ». Il se peut au contraire que cette technique engendre un monde hypernarcissique, pseudo hédoniste, englué dans le e-commerce et la compilation de bibliothèques sur des iPad, l'accumulation des titres cachant l'analphabétisme de ceux qui ne les lisent pas, comme l'accumulation des maîtresses masque l'incapacité de certains à donner ou recevoir un gramme d'amour.

1. Titre d'un beau roman de Modiano (Gallimard, 2007), lui-même tiré d'une remarque mélancolique de Guy Debord.

Les socialistes ont oublié la société de consommation, l'homme au travail, la technique, le combat des psychanalystes. L'écologie n'a pas grand-chose à attendre d'eux, peut-être moins que de la droite.

Il est tout à fait intéressant qu'en 2012 le président socialiste recommande une surveillance accrue sur les marchés des céréales et veuille lutter contre la spéculation. Les socialistes, en août 1936, créèrent l'ONIC (Office national interprofessionnel des céréales) précisément pour lutter contre la spéculation sur le blé et modérer les marchés des céréales. Soixante-seize ans ont passé, et les problèmes auxquels se heurtent les socialistes n'ont guère changé. Leur désir de bien gérer ne s'est pas essoufflé. Désir de gérer… ressentez-vous l'oxymore ? Adieu 68 et ses chants. Parfois on se heurte au mur de l'argent, parfois on lui apporte des pierres ; on se fait financier pour éviter au peuple de chanter.

CHAPITRE 10

Les chaussettes de Bérégovoy

« Pierre Bérégovoy un escroc ? vous avez vu ses chaussettes ? »

Pierre Joxe

Et pourtant Pierre Bérégovoy était un escroc, petit (voir ses rapports avec Roger-Patrice Pelat et Samir Traboulsi) mais peu importe, là n'est pas la question. Pierre Bérégovoy, très déprimé, fut salué dans une mémorable péroraison (« Fallait-il jeter aux chiens l'honneur d'un homme... ») par celui qui avait parachevé sa déprime en refusant de le prendre au téléphone ou de lui accorder l'hommage qu'il avait attendu toute sa vie, et qui n'était réservé qu'à la crème des courtisans, mais apparemment refusé à celle des garçons et des maîtres d'hôtel, la table de Latché. Pierre Bérégovoy n'était pas, dans notre système monarchique, responsable des écoutes téléphoniques, de la superpersonnalisation du pouvoir, de l'isolement de la France au plan international, des palinodies précédant la réunification de l'Allemagne – pas plus que de Gaulle ne pouvait comprendre son époque en 68, le prisonnier du stalag François Mitterrand ne pouvait comprendre, en 1989, la chute du Mur de Berlin. Oublions l'affaire de délit d'initié Pechiney Triangle, les relations troubles avec Samir Traboulsi, les libéralités faites à la famille, les vacances chez les milliardaires, les découverts bancaires, les prêts qui sont des dons. Restons-en à ce qui lui revient : la politique économique catastrophique imaginée par un lobby bancaire et financier, à peine plus incompétent que malhonnête et qui conduisit une France en relativement bon état léguée par Giscard, à celle laissée à Chirac, et fit de Pierre Bérégovoy « ce bon Monsieur Bérégovoy », comme on disait ce bon Monsieur Pinay. La seule bonne période post-mitterrandienne fut celle de Jospin, économiquement parlant au moins, mais symboliquement aussi : la création de la CMU fut un vrai grand moment socialiste. Elle relève de la grande loi sur les assurances.

1981, voilà enfin nos socialistes de retour aux affaires. La première chose à faire, évidemment, est de dévaluer. Mais en 1981 on va démontrer qu'on est de bons gestionnaires, si possible meilleurs que la droite, comme en 1956 on démontrait qu'on était de bons militaires, si possible meilleurs que l'extrême droite. Pierre Mauroy refuse de dévaluer le franc et fait monter le taux de refinancement de la Banque de France à des niveaux astronomiques, plus de 20 %, histoire de casser l'investissement et la croissance ! C'est totalement absurde. C'est le premier coup de poing donné à cette croissance tellement révérée, et le premier coup de pouce à l'économie financière. C'est déjà le complexe Bérégovoy, le complexe d'infériorité pour les costards rayés de la finance et de la rente, les inspecteurs des Finances, les énarques du Trésor, les petits génies de la Banque de France. Le second coup est le plan de relance (environ 1,7 % du PIB) : une vraie bouffée d'oxygène pour l'industrie allemande qui écoule ses produits vers la France – le plan de relance de Chirac de 1974, d'un niveau supérieur, environ 2,5 % du PIB, fut, lui aussi, funeste ;

mais la France de 1974 était moins « concurrentielle » que celle de 1981[1].

Restait à enterrer l'agonisant. Suite à la dégradation des comptes extérieurs, le « tournant de la rigueur » est pris en 1983, qui décide d'arrimer le franc au mark. François Mitterrand était-il favorable à un décrochage ? On ne le saura jamais, lui non plus, mais la politique Mauroy-Delors triomphe, et c'est la lente et sûre désindustrialisation, couplée avec le tout aussi sûr et lent endettement qui recommence, avec une accélération notable en 2002 lorsque Chirac est réélu.

Rigueur, politique monétaire orthodoxe, désinflation compétititive : la France socialiste s'installe dans le chômage et n'en sortira plus.

Pourquoi cette obsession d'homme populaire sans diplôme – si : CAP d'ajusteur et CAP de dessinateur industriel –, d'ancien syndicaliste, pour une politique totalement favorable aux nantis ? Cet éblouissement pour les banquiers, le FMI, les conférences monétaires, G5 puis G7 ? Pourquoi, en 1985, aux accords du Plaza à New York, Pierre Bérégovoy accourt-il à la sonnette ratifier une politique totalement défavorable à la France ? Pourquoi cette surenchère du pauvre sur les riches, du gentil sur les méchants, cette adoration plébéienne ou canine pour les maîtres ? Quel besoin de faire cette politique pour les repus ? Cette manie de vouloir prendre des manières que l'on n'acquerra jamais car on ne les a que de naissance ? Est-ce le souvenir du Cartel des gauches, qui chuta à cause de la Banque de France et du mur de l'argent ou celui de la gauche dévaluationniste, qui attente à la valeur : « le franc c'est la France » ? Sont-ce les inspecteurs des Finances qui impressionnent le prolétaire ?

Il faut toujours compter avec le complexe du prolo. Mon père, petit instit, fils de forgeron, était impressionné par

1. Ouverture due à Raymond Barre, largement.

les normaliens (ceux de la grande Normale, pas la petite des instits) qui buvaient son bourgogne. Il savait manier le plastic comme personne, tirait remarquablement au 11,35, avait miraculeusement passé et repassé des armes de poing ou des Sten entre Muret et Toulouse dans le double fond de ses sacoches à vélo, sous les cabas de sa mère qui l'accompagnait, comme dans les films, avait environ deux cents prisonniers allemands dans la bataille de France à son actif, ce qui lui valut la croix de guerre puis la Légion d'honneur. Il cacha, chez sa mère toujours, une petite fille juive pendant deux ans, et pensait que les « inspecteurs des Finances », dont l'attitude pendant l'Occupation fut particulièrement servile, étaient des gens à respecter. Je rêve. Je me pince. Complexe du prolo.

« Béré », résistant, membre des Jeunesses socialistes, travaillait au cabinet de Christian Pineau, autre copain de mon père. Pineau m'offrit *Plume et le Poisson* (Idéal-Bibliothèque), dédicacé par lui-même. J'étais trop petit pour lire ces contes. Bérégovoy, c'est le geai aux plumes de paon, l'âne à la peau de lion, ou plutôt le baudet chargé des reliques, « la relique barbare de l'or » (Keynes). Pourquoi être si dur avec Pierre Bérégovoy ? Parce qu'il mena la politique du franc fort, impulsée par Raymond Barre. Pour un pays comme la France, où l'industrie ne fixe pas les prix mais les subit, contrairement à l'Allemagne, c'est une catastrophe. La désindustrialisation de la France date exactement de 1983[1]. Mais Pierre Bérégovoy ne se contenta pas de mener une politique

1. La droite aidera grandement. Sans entrer dans les détails, le bref ministère de l'Industrie d'Alain Madelin, qui liquide les derniers vestiges de la machine-outil française, fut un modèle de démission – dans tous les sens du terme. Il y eut aussi une accélération de la désindustrialisation en 2002. Voir le livre de Patrick Artus, *La France sans ses usines*, Fayard, 2011.

monétaire qui devait coûter entre un et deux millions de chômeurs par an, pour prix d'une chute de la production industrielle, il voulut aussi faire de Paris une place financière comparable à Londres ! Ah ! la finance ! « Réduire le coût de l'argent par une plus grande mobilité du marché financier et une concurrence plus vive, c'est encourager l'investissement et encourager l'emploi » (Pierre Bérégovoy). Textuel. Vive la finance débridée qui crée des emplois, camarade. Vive la spéculation et les spéculateurs qui ne cessent de clamer qu'ils créent des emplois (le leur d'abord, grassement rémunéré). Les cambistes, brokers, spéculateurs, intermédiaires, et même les ordinateurs chargés désormais de faire passer les transactions peuvent élever une statue à l'ancien fraiseur. Le gouverneur de la Banque de France Moreau doit gigoter de joie dans sa tombe, qui fit chuter Herriot et le Cartel des gauches. Rarement ministre fit autant pour la finance. On doit aux socialistes la suppression du monopole des agents de change, la création du second marché boursier (qui va permettre de générer ex nihilo des fortunes colossales), des marchés de spéculation pure, sur la dette publique, sur les actions.

Jean-Charles Naouri, normalien (major, major de concours généraux de lettres classiques également), inspecteur des Finances, ancien élève de Harvard, docteur d'État en mathématiques, fut son directeur de cabinet, d'abord aux Affaires sociales, puis à l'Économie. Plus que « Béré », il fut le père du big bang qui fit entrer la France dans la finance et la fit sortir de l'industrie. Parti de rien lui aussi, il méritait bien de devenir milliardaire et patron du groupe Casino. Que pouvait Pierre Bérégovoy à côté de Jean-Charles Naouri, énarque, promotion Guernica ? Guernica : l'histoire a de ces hoquets…

Balladur poursuivit la politique. Sans doute eût-il fait cette dérégulation. Mais, de retour aux affaires, le fraiseur l'accélère et avalise toutes les réformes financières balladuriennes. Ah ! quelle vénération de la concurrence bienfaitrice chez un socialiste, et surtout de la concurrence financière ! Quiconque a un peu réfléchi au fonctionnement des marchés sait ce que veut dire « concurrence financière »... Que Pompidou, ancien de chez Rothschild, Premier ministre, et Debré, ministre des Finances, glissent en douce en leur temps – en 1966 – au nez et à la barbe d'une opinion qui ne s'intéresse pas encore à l'économie, les réformes bancaires, essentielles et passées inaperçues, qui détruisent le mur existant entre les banques de dépôt et les banques d'affaires, on comprend... mais Béré ?

Et ce n'est pas tout. L'affaire du Crédit lyonnais bien sûr... qui, elle aussi, va permettre la genèse de fortunes colossales fondées sur le crédit puis sur le dépeçage des actifs de la banque[1]. Pierre Bérégovoy n'eut de cesse de défendre son surdoué directeur de cabinet qui, parti avec quelques milliers d'euros de mise, se retrouva assez vite à la tête de quelques milliards. Après la République des promoteurs de Pompidou, on ne demandait pas aux socialistes d'être de petits saints : on leur demandait de ne pas trop en faire, ou de ne pas trop en laisser faire. Dans les deux cas ils ont été au-dessous (ou au-dessus, selon l'angle de vue) de tout. On pourrait multiplier les exemples : des facilités fiscales accordées aux titulaires de stock-options aux dégrèvements fiscaux qui donnent cette couleur balzacienne, intéressante et trouble (« À l'origine de toute fortune, il y a un crime que l'on cache », Balzac) de ces années Mitterrand qui transformèrent la France en un pays où il

1. Entre mille livres sur ces années « fric », on lira le plaisant *Repas des fauves* de Thierry Pfister et Fabrizio Calvi, Albin Michel, 2000.

fit bon ou chic, ou « in », d'adorer les faiseurs d'affaires. Quels crimes furent cachés ? L'un de ces affairistes fut ministre, Bernard Tapie, qui vint narguer les Français sur les antennes avec les sommes mirobolantes à lui versées au titre de préjudice « moral »... Préjudice « moral » : on boit le qualificatif, mais il est amer. Béré s'enorgueillit de lui être resté fidèle, après que tous l'eurent lâché : c'est d'une certaine manière à son honneur, comme on dit dans le milieu. On ne saurait en dire autant de son président. Les socialistes ont cru (feint de croire ?) qu'en adorant la finance, la mondialisation et la « concurrence libre et non faussée » chère à la Commission de Bruxelles, ils favoriseraient la croissance de la France[1].

La concurrence libre et non faussée, le marché unique, puis l'adossement du franc au mark avant l'acceptation des critères de Maastricht et l'entrée dans l'euro furent la pire politique encouragée par les gouvernements socialistes, Delors en tête, et Mitterrand en superviseur, qui négocia la réunification de l'Allemagne contre l'abandon du mark par celle-ci, c'est-à-dire en fait par la transformation de la zone euro en zone mark, autrement dit par la transformation *faciale* du mark en euro. Que les Allemands, qui font fabriquer en Tchéquie, hors zone euro, à bas coût et à taux de change favorable, pour assembler en Allemagne et vendre ensuite en zone euro aux Français, Italiens, etc., soient les grands bénéficiaires de l'euro est quelque chose qui n'échappe plus à personne, ni même aux agences de

1. Il n'y eut pas qu'eux pour les bêtises. L'emprunt Giscard en fut une, ne parlons pas de la destruction du Plan, voulue par Chirac Premier ministre, et surtout de la politique de Barre, prélude à celle du franc fort et de la funeste « doctrine des créneaux » voulue par le même Barre (la France doit abandonner les secteurs où elle est plus faible), absurde, et qui prépara la désindustrialisation.

notation qui ont dégradé tous les grands pays sauf l'Allemagne[1].

Pascal Lamy aurait dû prendre des leçons avec Naouri, il aurait vu comment la concurrence « libre » et « non faussée » permet de construire un empire en toute « transparence ». La concurrence « libre et non faussée » est une ineptie pour un économiste digne de ce nom, une aberration intellectuelle qui renvoie à la préhistoire de la science économique, avant que l'on ait entendu parler d'incertitude, de rendements croissants, d'information imparfaite, d'asymétries d'information, de phénomènes de réseau, de coalition, de mode, de foule et on en passe, avant Keynes, Nash, Stiglitz, Akerlof, Allais, Arrow, Lipsey, Lancaster, Spence, Amartya Sen, Krugman et tous ceux qui firent la science économique moderne. Qui croit encore en la « concurrence libre et non faussée », hormis trois gâteux dont Lamy, Barroso et Bérégovoy au paradis ? Il est vrai qu'elle est d'une telle simplicité qu'elle ne peut qu'être adoptée la bouche ouverte par les simples, *simplicius socialissimus*, sans comprendre qu'elle est la doctrine des puissants ou de ceux qui veulent que *tout change pour que rien ne change* (merci, Lampedusa). Elle fut le prélude à la transformation des services publics, à la quantification des mêmes, à la valorisation monétaire systématique au nom du marché et le prélude à une incroyable inefficacité économique. Furent efficaces ceux qui ne crurent pas à cette fable, les États-Unis, l'Allemagne, le Japon, la Corée du

1. Mitterrand et Delors agirent par naïveté économique, comme Napoléon III et le ministre Michel Chevalier en 1860 qui, signant avec l'Angleterre, ne virent pas qu'ils tiraient les marrons du feu pour l'Allemagne – l'Allemagne dont la doctrine, fondée sur celle de l'économiste Friedrich List, est : oui au libre-échange quand nous pouvons gagner les marchés, non quand nous les perdons.

Sud, et aujourd'hui la Chine qui, pas sotte, refuse évidemment la libre concurrence pour sa monnaie et ses marchés publics. Pauvres poulets et coqs français, menés au poulailler, où les attendaient les renards, par des socialistes pleins de bonnes intentions…

Plus que l'erreur libérale elle-même, plus que le fait de ne pas comprendre à qui profitent les principes d'une économie libérale sur le plan de la finance et de l'argent, c'est autre chose que l'on reprochera aux socialistes : c'est l'obsession économique.

De quoi le socialisme est-il le nom ? de l'économisme ? de la loi de l'offre et de la demande ? de l'obsession gestionnaire ? de la maniaquerie comptable ? Pourquoi l'essentiel de leur combat, perdu, fut-il l'économie, la finance et l'argent ? Le but d'un gouvernement socialiste était-il de « redonner aux Français le goût de l'entreprise », comme le disait le principal slogan du parti en 1986, comme il fut tantôt de conserver l'Algérie française ? Que l'esprit d'entreprise soit respectable, que les entrepreneurs soient respectables, très bien. Mais l'objectif essentiel du socialisme était-il cette respectabilité ? Ou la protection des salariés en évitant le chômage de masse ? « Contre le chômage on a tout essayé » (François Mitterrand). Soit. Mais alors, ne faites pas de la politique économique, et qui plus est, ne faites pas de la politique libérale votre seul objectif ! « L'État ne peut pas tout faire » (Lionel Jospin). « Je ne suis pas socialiste » (Lionel Jospin). Alors, ne demandez pas à ceux qui croient l'être de voter pour vous. D'ailleurs, ils vous entendirent.

Dans sa *Lettre à tous les Français*, François Mitterrand fait l'éloge de la politique européenne, créatrice d'emplois, de pouvoir d'achat. C'est faux, évidemment. Y croit-il ? Sans doute que non. Il ajoute néanmoins que les « appétits extérieurs » sont dangereux pour la zone européenne. Il reconnaît enfin que les socialistes ont échoué sur le chômage. Ah quand même ! « Je ne jetterai l'opprobre sur personne », dit-il. C'est assez commode, il ne lui viendrait pas à l'idée de se regarder dans une glace. Puis il se lance dans une grande métaphore de la guerre, à travers la guerre économique. Ce passage mérite d'être entièrement cité :

« *Il est temps, en effet, de prendre la mesure de l'enjeu. Considérons l'économie mondiale : on n'y voit qu'un champ de bataille où les entreprises se livrent une guerre sans merci. On n'y fait pas de prisonnier. Qui tombe, meurt. À l'instar de la stratégie militaire, le vainqueur s'inspire toujours de règles simples : la meilleure préparation, les mouvements les plus rapides, l'offensive sur le terrain adverse, de bons alliés, la volonté de vaincre.*

Appliquons ces principes à notre propre économie. La meilleure préparation conduit à disposer d'un plus grand nombre d'hommes et de femmes hautement qualifiés (la formation) et d'un armement industriel et scientifique supérieur à celui d'en face (la recherche). L'économie a besoin de savants. Les mouvements les plus rapides s'obtiennent par une créativité incessante. L'invention, l'innovation provoquent la surprise et donnent l'avantage (technologies de pointe). L'offensive sur le terrain adverse signifie que, pour survivre, on ne peut rester chez soi, que la conquête des marchés extérieurs protège le marché intérieur (exporter, s'implanter à l'étranger). De bons alliés, on n'en trouve pas beaucoup. N'oublions pas que la guerre est totale et qu'elle est générale[1]. »

Le diagnostic est admirable. C'était il y a vingt-cinq ans, une génération, un quart de siècle. On n'y changerait pas une virgule aujourd'hui. Il aurait pu être écrit par n'importe quel chef d'entreprise. Par n'importe quel libéral. Et, avec le recul, il est vraiment à la mesure de l'impéritie des gouvernants socialistes. Mais, camarades, est-ce vrai-

1. *Lettre à tous les Français*, avril 1988.

ment l'économie qui a besoin de savants, ou la République ? Est-ce que la formation, la qualification n'ont d'autre destin que d'aider l'économie ? Ou les hommes, un peu aussi ? Est-ce que tout doit passer sous le talon de fer de l'économie de marché et de la compétition internationale ? Et si l'on inversait la question… *est-ce que l'économie a besoin de socialistes ?*

L'obsession économique fut la grande faute socialiste. Bien entendu, il faut être d'honnêtes gestionnaires, des gens de comptes et de comptabilité, il ne faut pas favoriser les rentes ni distribuer de l'argent n'importe comment (la droite est assez grande pour le faire) ; mais il ne faut surtout pas des Bérégovoy servant la soupe à des Jean-Yves Haberer ou des Jean-Charles Naouri en laissant croire que ce sont eux qui sont installés sur la chaise et se font cirer les bottes. Le combat n'est-il pas ailleurs ? Vers l'enseignement, par exemple, qui vit un désastre et qui n'est même plus capable de recruter des professeurs d'un niveau, disons… « modeste » pour des concours d'un niveau lui aussi « modeste ». Le bilan économique de Jospin fut tout à fait honorable, comparé à celui des prédécesseurs ou des successeurs. Il n'en fut pas moins écrasé aux élections. La vie socialiste est ailleurs.

CHAPITRE 11

Pourquoi le peuple ne vote pas socialiste

« La populace grossière et mal éduquée… »
J. M. Keynes

Pourquoi ne vote-t-il plus communiste, d'ailleurs ? Parce que la chute du Mur de Berlin, la disparition du mythe et du contre-modèle, l'alliance des communistes avec les socialistes, l'absence de différence, malgré les gouvernements d'union de la gauche ; parce que les socialistes ne proposent pas quelque chose de nouveau, ils sont « mainstream », utiles, tristement utiles ; et puis, parce que le peuple n'a jamais vraiment voté socialiste, parce que le peuple est réactionnaire ; ce sont les élites qui sont « progressistes ». Voter communiste, c'était voter nuisible. Voter FN, c'est voter nuisible, voter quelque chose qui met du piment, ou du piquant, voire du poison, dans la bouillie politique.

Au fait : le peuple existe-t-il ? N'est-il que le fantôme des révolutions de 1789, 1848, 1871, 1968, agité comme on brandit une relique, celle de la République, pour en appeler aux mânes tutélaires ? ; alors que la République n'existe plus en dehors de quelques pugilats télévisés entrecoupés de pub. Pas plus d'existence du peuple dans les incantations des hommes politiques que de Saint-Esprit dans les hosties dominicales… Mais peut-être le peuple existe-t-il : on le voit dans les métros, aux péages des autoroutes, sur les périphériques embouteillés des grandes villes. Donc le peuple existe. Et s'il existe, ami socialiste, tu es bien obligé de faire avec, hélas, parce que le « peuple », ce mot usé jusqu'à la corde par la droite, recouvre aussi quelque chose de « collectif ». Sinon, s'il n'en est rien, si nous ne sommes qu'un vaste pot à mouvement brownien, où des monades se télescopent afin d'amuser Celui qui joue aux échecs avec les hommes sans même y penser, rejoins les libéraux qui demandent à tout homme d'être une calculette et une marchandise.

Le peuple ne vote pas socialiste parce que le discours du progrès, du changement, de l'ouverture, de la mondialisation, de la transformation, du nouveau, de la prise de risque, de l'aventure sociale, de la mobilité, du changement, de la réforme ne l'a jamais intéressé. Il voit bien ce qu'il a à perdre dans le changement, pas ce qu'il a à gagner, car en général il n'a rien à gagner. On dira : un candidat socialiste a été élu sur le slogan du changement ; oui, comme son prédécesseur avait été élu sur celui de la rupture. Changement, rupture, nouveauté, le populo est fondamentalement… réactionnaire. Il sait ce qu'il a. Il a peu, mais il aimerait bien, avec ceux de son espèce, le conserver : le travail, le café et les copains de bar, le foot, la bouffe, l'alcool, la bagnole, les vacances, la partie de chasse ou de pêche, la retraite. Il est parfois un peu beauf, popu, poissard, dupont-lajoie, vulgaire, grossier, trivial, plébéien pour tout dire, parfois macho, parfois raciste, aimant les bonnes blagues sexistes, homophobe, on n'est pas des pédés, il n'est pas écolo, il aime la chasse – mais en haut aussi on est raciste, macho, homophobe, franchement sexiste et on traite les affaires pendant les parties de chasse, on massacre de la biche au fusil à répétition depuis sa tourelle (*sic*) de 4 x 4 comme Dassault.

Et c'est pourquoi, ce populo, il est franchement antisocialiste, dans la mesure où le socialiste n'est ni raciste ni homophobe, se hausse du col vers le confus Gilles Deleuze, aime le dernier gadget technique, fuit la populace – surtout en vacances, car il circule « hors des lieux touristiques » –, ricane à *Bienvenue chez les Cht'is*, ou *Indigènes*, ou *Intouchables*, ou *Camping* et parcourt les lieux intellos branchés définis par les journaux qui lui affirment l'être. Cette « France d'en bas », à qui le Premier ministre Raffarin s'adressait avec ce culot propre à la droite quand elle parle au peuple, traîne depuis toujours, depuis l'Ancien Régime, le vieux fond populacier qui fait le caractère, souvent déplaisant, souvent plaisant, d'un pays, avec ses ruses et ses accents, d'un territoire (les « Basques », les « Corses », les « gens de Marseille », autrefois les « Parigots »). Grégaire, prêt à se coaguler en foule haineuse, aimant qu'on lui jette de la viande et des boucs émissaires ? Pas sûr. La droite dirait oui, et en effet lui jette des boucs à bouffer, les Roms, les chômeurs, les fraudeurs à la Sécu, les immigrés… et parfois lui agite le drapeau français sous le nez.

Réactionnaire ? La gauche dirait non. Orwell pense que ce peuple est bon, et nomme son vieux fond ou son caractère *Common Decency*[1], que l'on pourrait traduire par « décence partagée » ou « décence commune », ou encore « morale minimale ». La morale est une façon d'être avec son miroir et avec autrui. La « morale minimale » est celle qui permet le minimum de vie en commun, de vie solidaire. Et comme son nom l'indique, cette morale des modestes est… modeste ; modeste mais morale, et décente. En face, la *démesure* proposée par la société de la mondialisation est indécente, obscène. Obscénité des rémunérations, des

1. Le dernier livre de Jean-Claude Michéa lui est largement consacré : *Le Complexe d'Orphée*, Climats, 2011.

fortunes, cynisme des dirigeants d'un pays qui fêtent leur élection avec des émigrés fiscaux ou des milliardaires, immoralité spectaculaire et provocante dans les affaires de sexe, exhibitionnisme médiatique, richesse et tenues extravagantes, gaspillage démonstratif dans des objets d'hyperluxe, des yachts, des voitures, dont la valeur et la capacité de nuisance défient l'entendement, fêtes somptuaires perpétuellement offertes à leurs yeux par la presse spécialisée, mariages, divorces et sexe et sexe et sexe encore tartiné et retartiné pour engraisser les obèses et autres frustrés d'en bas. Le peuple aime ça. Il aime admirer les fêtes et le luxe des grands. Lorsque le carrosse du jeune marié Louis XVI passe à Paris, bousculade, deux cents morts. Plus tard, il ira le voir se faire couper la tête place de la Concorde, sans aucun remords.

Il faut croire que cette notion de peuple, de bon peuple, de populo sympathique, de « gens de peu », possède un sens. Oui, dirait Marcel Mauss le socialiste, suivant Orwell l'anarchiste, oui il existe un fonds commun à toute société humaine. Mauss pense avoir mis en relief ces invariants anthropologiques dans son *Essai sur le don* : « Cette morale est éternelle ; nous touchons le roc ; c'est la société elle-même, ce sont des sentiments d'hommes en esprit, en chair et en os, qui agissent de tout temps et ont agi partout[1]. » Les gens ordinaires possèdent consubstantiellement les vertus de base de l'humanité, ses invariants, ses universaux si l'on préfère : agir de manière loyale, faire preuve de désintéressement, d'altruisme autant que d'égoïsme, ne pas chercher à dominer ou humilier les autres, en un mot comme en cent, *se contenter de ce que l'on a.* Le pouvoir ne fascine que ceux qui cherchent à se venger des humiliations subies : « C'est la raison pour laquelle la volonté de

1. *Essai sur le don* (1912), PUF, 2012.

puissance est le corollaire obligé du ressentiment[1] » (Jean-Claude Michéa). Les intellectuels se révoltent par ressentiment contre l'ordre établi, et non par refus spontané des injustices dont sont victimes les humbles au nom desquels ils prétendent parler. Certaines révoltes sont aliénées, celles qui puisent leur énergie dans l'envie, source ô combien empoisonnée, d'autres sont de « saines colères » et n'en appellent à aucune passion triste, comme la révolte de Mai 68. On se révolte par générosité, ce sont les révoltes populaires, ou par ressentiment, par haine de cet ectoplasme appelé « société », tant que celle-ci ne vous a pas appelé au sommet pour diriger les autres.

Prenons l'héroïsme ordinaire – les gens qui portent secours, les mini-actes de résistance en 1940-1944. Il ne s'agit pas du grand héroïsme, de l'héroïsme « romain » du grand stoïcisme, mais d'une résistance quotidienne au mal. « Lorsqu'on n'a plus rien, on possède encore l'honneur », disait Camus. Il appartenait à ces gens de peu.

Je fais donc l'hypothèse, avec Orwell et Camus, et la section SFIO de Muret, que le peuple est plutôt « résistant » et plutôt « joyeux ». Il aime le changement, oui, mais dans le sens du c'était mieux avant, touchez pas à la retraite.

Il possède une morale, de base, à l'opposé de la doctrine cynique de « la fin justifie les moyens », qui est aussi, on le démontre facilement, le slogan cynique de l'efficacité de la concurrence libre et non faussée : si ça va mal, c'est qu'il n'y a pas assez de concurrence ; exactement comme Staline disait : ça va mal parce qu'il n'y a pas assez de socialisme. Qu'est-ce qui s'oppose à l'échange marchand ? L'échange de la vieille société, ou plutôt l'échange éternel

1. « Révolte et conservatisme, les leçons de 1984 », in *Comment peut-on être anticapitaliste ?*, *op. cit.*, p. 195.

que l'échange marchand prétend partout et toujours supplanter : le donner-recevoir-rendre de l'anthropologie, la générosité de base, le souci de la réciprocité et de la solidarité, le peu de goût pour l'avarice, pour la cupidité sans borne et maladive, la gloutonnerie... La simplicité à l'opposé de l'exhibitionnisme vaguement sadique des milliardaires du Fouquet's.

On peut être sceptique sur ce « bon fond » populaire, qui fleure un peu trop son Tolstoï, son écrivain russe. S'il existe en soi, il relève d'une tendance (spontanée ? naturelle ?) à l'altruisme. Qu'est-ce qui nous ferait croire que Mauss, Orwell et autres ont raison ? Le bon peuple d'Orwell n'existe que parce qu'on ne lui donne pas l'occasion d'être mauvais. Laissez-le grimper un peu et vous verrez ! Rien de pire qu'un parvenu ou un converti, on l'a vu avec tous ces communistes devenus libéraux. « Oignez vilain il vous poindra, poignez vilain il vous oindra. » Voilà ce que répondent éternellement les hommes de droite : 1) ils ne souhaitent pas s'élever parce qu'ils ne le peuvent pas ; 2) ils haïssent la société parce qu'ils ne peuvent pas s'élever.

Et pourtant, il faut bien assumer l'hypothèse Orwell si l'on veut penser que le socialisme est possible ; c'est aussi l'hypothèse Blum, Jaurès, et de la section SFIO avec qui nous fumons et buvons depuis le début de ce livre et qui veut que l'individu ait en lui une grande part de générosité et de gaieté.

La vieille société était solidaire et joyeuse[1]. Elle s'ébaudit facilement, bade, discutaille, rit, festoie, s'apitoie, gémit, pleure, contemple sans cesse la souffrance et la mort, en rit, visite les agonisants, court aux supplices, se promène

1. On lira avec bonheur les livres de Philippe Ariès, ou *Un monde que nous avons perdu* de Peter Laslett, Flammarion, 1969.

lentement et sans cesse, un grand sourire aux lèvres : le grand personnage de l'Ancien Régime est la foule, la foule du Palais-Royal, dont parle si bien Sébastien Mercier dans son *Tableau de Paris*, incroyablement bigarrée, qui semble déambuler dans un immense marché aux Puces, et qui est aux antipodes de la foule d'aujourd'hui, sinistre, pâle, uniforme, haineuse, égoïste, la foule anonyme faite d'une poussière d'individus qui sortent de la poussière des ateliers ou des bouches de métro, la « foule solitaire » de David Riesman. Les gens de la vieille société sont anarchistes et solidaires, devant la misère qui les afflige souvent, devant la mort, contre la maréchaussée, les gens de loi, les huissiers (on déménage en cas de saisie, raconte Ariès, rapidement d'une fenêtre à l'autre). Les émeutes de Paris sont le fait du petit peuple, du populo – artisans, commis, ouvriers, commerçants, boutiquiers et petits chefs d'entreprise, intellectuels, poètes et petits métiers imprécis auxquels s'ajoutent les inévitables indigents, chômeurs, suiveurs, badauds, maquereaux et soldats perdus qui parachèvent l'assaisonnement de la bonne mayonnaise révolutionnaire. Un film de Guédiguian, quoi.

Ce populo existe-t-il encore ? Les petites gens ont été casés désormais dans « l'indigne salariat » comme on disait autrefois, avant 1945. 90 % du peuple est salarié. Il est plus éduqué. Il n'est plus à Paris, il est encore en province, notamment à Marseille, ou en banlieue. Et bien que sacrément décimé et aplati par le passage du rouleau compresseur capitaliste et anesthésié par la publicité déversée à grands seaux, canalisé par une police incroyablement présente sur tout le territoire, il existe encore. À la moindre occasion, il se presse dans les rues de Paris. Il ne sort plus de chez lui, il arrive en autobus, mais il vient. Certes la population française a vieilli, bien vieilli, elle s'est enrichie aussi, mais le populo n'est toujours pas un vain mot, on peut le retrouver sur les plages et dans les campings, sur les aires d'autoroute, et les petites gens conservent dans « la morale minimale » cette solidarité assez joyeuse et nigaude pour ceux qui se croient supérieurs.

Et il n'est pas de gauche, et encore moins socialiste.

Les dirigeants socialistes se sont identifiés au progrès, c'est-à-dire à la densité du réseau autoroutier et au nombre de ronds-points par habitant. Quand on a passé quelques heures sur le périphérique, on a plus vite fait le tour du progrès que de Paris.

Car le progrès, le changement, n'est pas ce qu'il aime. Il a ses habitudes, étant entendu que les habitudes font en général du bien, à commencer par un *travail stable.* « Ils sont comme des arapèdes accrochés à leur rocher », disait avec hauteur de ses ouvriers le duc de Brissac, patron de Schneider. Faire bouger le populo, le déstabiliser est un des fondements du capitalisme – du libéralisme si l'on préfère – par exemple en lui préférant des immigrés moins payés ou en délocalisant ses activités.

Orwell prétend que décence, mesure et sens moral soudent l'humanité d'en bas et sont les liants du socialisme : « Goût et dégoût, sentiment esthétique, notion du bien et du mal (et on ne peut démêler dans le jugement ce qui relève de la morale et ce qui relève de l'esthétique), tout cela relève de sentiments trop subtils pour être rendus par des mots[1]. » Comme le disait l'autre, on ne sait pas décrire l'amour, ou mal, mais on sait ce que c'est, il suffit d'en souffrir ; idem pour le beau ; idem pour le patriotisme. C'est ce mélange de jugement et d'esthétique qui nous fait juger obscènes et immoraux la prime pour préjudice *moral* perçue par l'immoral Bernard Tapie, les salaires démesu-

1. George Orwell cité par Jean-Claude Michéa, in *Comment peut-on être anticapitaliste ?, op. cit.*, p. 222.

rés, les bonus extravagants, l'obscénité de la consommation ostentatoire des traders et autres marchands d'argent. La mesure, la décence sont possédées a priori par le peuple, qui les perd soit dans la servitude, soit dans le désir d'avoir des serviteurs, ce qui est une autre forme de servitude, soit dans le désir d'accéder aux postes de pouvoir de la démocratie représentative, qui n'est pas un désir « normal ». Dès qu'il y a des maîtres, il y a des esclaves. « Ce goût étrange de donner des ordres… », dit Orwell. « Le pouvoir est d'infliger souffrances et humiliations… Imaginez une botte piétinant un visage humain… »

L'homme socialiste est celui que le pouvoir indiffère. Orwell l'a rencontré en Catalogne, il faut lire *Hommage à la Catalogne*. Barcelone 36 c'est Mai 68, des sentiments humains ordinaires, d'amour, d'amitié, de rire, de curiosité, de joie de vivre, de rire surtout, de rire… Quand vous voyez les visages sinistres qui vous gouvernent, vous comprenez que le capitalisme ne peut supporter le rire, sauf lorsqu'il est encadré par des pancartes dans les émissions de télé : « Applaudissez ! Riez ! Riez plus fort ! Plus fort ! » Le rire forcé, comme le travail ! Un jour, Galdon, l'anar, me dit cette chose étrange : « Pourquoi dans les rues les gens ne se parlent-ils pas ? » Oui, pourquoi se croisent-ils à l'infini sans se parler ? Galdon était un socialiste orwellien. Les socialistes orwelliens sont matures. Ils n'ont pas envie de grimper ni tellement de gagner plus. Ils ont envie de gagner au Loto, ils jouent au Loto, car le Loto c'est la providence, le gain inespéré, magique, qui ne fait pas des envieux puisqu'on rejoue la semaine suivante.

Les salaires indécents des patrons, en revanche, relèvent d'une cupidité assez puérile, comme la gloutonnerie est une maladie puérile. « Le méchant est un homme qui a gardé un cœur d'enfant » (Hobbes). La société capitaliste a réussi ce miracle, marier l'infantilisme et l'absence de joie : fabriquer des enfants méchants. Or la maturité implique du recul, de la lenteur, du détachement que ne peuvent procurer le vibrionnisme et la destruction créatrice incessants de la « mondialisation heureuse ». C'est tout simplement la vieille question du « progrès », du progrès technique, qui est reposée aux socialistes depuis les luddistes et les canuts, chacun dans leur pays, violemment opposés aux métiers à tisser. Que peuvent répondre les gens de progrès, d'efficacité, d'excellence ?

L'État social, l'État-providence a provisoirement arrêté le temps pour les ouvriers : leurs vacances se sont allongées, ainsi que leurs allocations chômage ou leur durée de retraite. De sorte que le progrès est devenu une cause de droite. Ainsi les opposants aux OGM, aux manipulations génétiques, à l'atome, etc., sont-ils des « passéistes » et des « ennemis des Lumières » qui veulent « revenir à la bougie ». Les tenants de la décroissance, des réactionnaires qui veulent pénaliser l'emploi. « Comment oser parler de décroissance quand il y a trois millions de chômeurs en France ! » Soyons raisonnables. La raison est ce qui s'oppose aux passions et calme la violence, et la politique *raisonnable* calme la violence politique. « Du passé faisons table rase » est désormais un slogan de droite qui se confond assez bien avec celui de la « mondialisation heureuse ». Fi des originalités, des tribus, des ethnies, des religions, des langues (vive le « globish »), des habitudes, des coutumes, vive la culture « mainstream », la planète uniforme et arasée, l'indifférenciation des sexes, les droits de l'homme pour la femme et de la femme pour l'homme, la vie soft et narcissique, chacun pour son iPad et l'iPad pour tous. On ne peut revenir au passé, sauf si celui-ci est mort et confit dans le formol, auquel cas on ne saurait trop le louer, comme la copie du tableau impressionniste dans la salle de coaching, ou celle de Tintin et Milou par Spielberg, ou la copie de Notre-Dame de Paris par Disney (on peut dire aussi « valorisation » ou « merchandisation », plutôt que copie). Vive le passé, s'il est momifié. Par exemple, le retour aux *langues* vernaculaires (moins subversif que le terme *patois*) si elles sont mortes, comme au fromage fait à la ferme. En revanche, revenir au purin d'orties pour remplacer les pesticides de Dupont de Nemours est, pour l'instant, interdit ; revenir au grec et au latin dans le secondaire serait déjà plus inquiétant dans la mesure où cela donnerait accès à une culture authentique, qui, par exemple, sait distinguer la connaissance de la science, et qui – nous parlons encore des Grecs – n'a jamais voulu soumettre la technique à la science ; ou qui voyait dans le théâtre tragique un moment éminent de la vie politique, légèrement différent de l'inlassable feuilleton policier politiquement correct remâché en boucle sur toutes les chaînes (*Œdipe à Colone* parle de la tragédie un petit peu différemment des *Experts* et autres feuilletons américains prémastiqués avec leur quota de minorités ethniques, d'antiracisme, de liquide rouge et de pim-pam-poum)[1].

Voilà pourquoi je fais l'hypothèse que le peuple est « résistant ».

Dans la mesure où « la liquidation des racines porte l'œuvre révolutionnaire de la bourgeoisie » (Marx), on peut souhaiter aller plus vite vers la mondialisation et le métissage absolus. Quand tout ce qui pouvait faire la singularité de quiconque aura été liquidé et que tout le monde parlera efficacité, croissance et économie de marché en trente mots de franglais, enfin le prolétariat prendra la place de la bour-

1. Qui ne voit que le policier ubiquitaire est le héros de ces temps apeurés ? Qui aurait pu faire croire à des Pascal, Condorcet, Mirabeau et tant d'autres que des *argousins* deviendraient les héros d'une société ?

geoisie qui n'existera plus que comme fantôme d'elle-même, comme apparence, ou voile qu'il suffit de lever sur l'homme nouveau et radieux ; sauf que les notions mêmes de prolétariat, de révolution et surtout de socialisme auront elles aussi totalement disparu, mixées dans le grand compotier moderne où tomates, pommes, poires, fraises, sucre, sel et un zeste de pesticide font du liquide bon pour ce que vous avez. À la titrisation des créances, le mixage des crédits immobiliers, industriels, souverains ou autres, correspond le mixage des destins, des désirs, des sexes et des idées vers le « nouveau perpétuel ». « Nouveau et intéressant ! » titrait *Actuel*, le premier journal branché de la post-modernité, sauf que le nouveau n'est jamais, ou très rarement, intéressant[1]. Rien n'est dépassé comme les titres des journaux de la veille. Beaucoup plus intéressant est le monde que nous avons perdu, le passé ; la preuve : l'engouement récent des Français pour l'histoire et la généalogie, ce qui est un signe. Finalement, les lettres de madame de Sévigné ou du prince de Ligne avaient quelque chose que n'ont pas les SMS envoyés par milliers.

Ce bon peuple pense que « ça allait mieux avant », autrement dit que le progrès est globalement négatif. Ce qui veut dire, pour ces gens qui ne sont ni nécessairement heideggeriens ni disciples de Guénon ou nostalgiques de Joseph de Maistre, que l'espèce humaine n'est pas vraiment

1. Parfois. La découverte de la grotte Chauvet est un événement majeur, qui ne peut que tirer les larmes des yeux de ceux qui, attachés à la grande chaîne de l'humanité, contemplent ses merveilles – saccagées évidemment par un cinéaste « moderne », Herzog en l'occurrence, et sa musique wagnérienne, sans doute pour « donner de la pronfondeur ». Mais la grotte Chauvet ne dit rien de vraiment nouveau, sinon que l'art et la poésie sont consubstantiels à l'homme, et que le progrès n'existe pas. Comme disait Cioran : « L'*Iliade* est la preuve que le progrès n'existe pas. »

perfectible, n'aspire généralement pas au bien, et qu'il faut faire avec ; ce que Freud, après Pascal et d'autres, n'a cessé de murmurer. Loin de nous l'idée d'entamer un débat stérile sur les « illusions du progrès » qui existe depuis Thalès jusqu'à Georges Sorel. Nous sommes même prêts à admettre que les mœurs progressent – le refus de jouir du spectacle de la torture des hommes, le respect des femmes, de la souffrance des enfants, peut-être un jour le respect des animaux, etc. Constatons simplement que la droite s'est emparée de ces vieilles idées de gauche, le progrès, la science et la réforme, *pour faire du mouvement perpétuel l'une des notions les plus réactionnaires et antidémocratiques qui soient* ; car si vous devez perpétuellement chercher du neuf, du progrès, de l'amélioration et le reste, c'est dans un perpétuel présent que vous englue la notion de progrès, le présent qui consiste à se remettre perpétuellement en cause et rechercher du mieux, les larmes aux yeux et la sueur au coude ; ce qui n'est pas autre chose que la définition du gain de productivité, qui est le socle du mouvement capitaliste, et permet d'oublier quelles sont les causes du malheur présent ; ne cherchez pas à comprendre, cherchez à vous améliorer. « Cours, camarade, le vieux monde est derrière toi ! », ce slogan plein d'espérance du début du XIXe siècle est devenu insupportable pour le populo, qui préfère : « Pitié, bonheur, pitié, jours heureux, revenez ! » On reconnaît le bonheur au bruit qu'il fait en partant. Toutes les doctrines les plus plates de la modernité, du régime « naturel » proposé par les rayons bio des supermarchés, grands promoteurs de la pire agriculture industrielle, aux séances de gymnastique respiratoire, de coaching, de psychothérapie de groupe ou solitaire, voire de recherche de « lenteur », organisées par les pires entreprises qui pressent le citron de la productivité (car, bien entendu, trop de productivité tue la productivité !), relèvent de l'amélioration perpétuelle, donc du présent perpétuel du hamster tournant sans fin dans sa petite roue et croyant avancer. « Les hommes tournent et tournent dans la petite roue du progrès », disait Ortega y Gasset, qui voyait naître une nouvelle race de décideurs, celle des « savants-ignorants », totalement incultes mais totalement spécialisés dans un pré carré de savoir de la dimension d'un timbre-poste. Le nouveau perpétuel n'est autre que le présent perpétuel sans bien ni mal, le bonheur tel que le conçoit le capitalisme.

Les socialistes ont mordu à l'appât. Ils promettent du meilleur pour les générations qui viennent… qu'est-ce à dire ? Mieux soignés, mieux logés ? Peut-être. Mieux éduqués ? Non. Les générations passées étaient mieux éduquées, même si elles avaient moins de diplômes. L'analphabétisme progresse, c'est comme ça. Plus libres ? Non, la liberté est un combat et non un bien de consommation, même si l'asservissement moderne ne nécessite plus le fouet : il suffit de considérer les hommes incarcérés dans leurs voitures matin et soir sur les périphériques pour le constater. Plus gais ? Non. Réjouis par les drogues. Plus heureux ? Non. Plus drôles ? Mon Dieu non ! Plus émerveillés ? Non. Le badaud, on l'a dit, est une figure des XVIIIe et XIXe siècles, remplacé par le « touriste efficace » ou le cynique revenu de tout car il a tout sur Internet. Plus tranquilles politiquement ? Oui, sans doute… Les guerres de Religion (sans doute le plus grave traumatisme vécu par l'Europe et qui explique la naissance de la doctrine du libéralisme pacificateur) ont provisoirement disparu, mais on sent bien que la poix bouillonne sous le couvercle de la laïcité, de l'œcuménisme et de l'islam modéré. Le libéralisme est indépassable pour oublier les crises mimétiques, la montée aux extrêmes, et la guerre de tous contre tous.

La gauche et les socialistes ont donc oublié les classes populaires. Le non clair et net au référendum de 2005 sur la Constitution européenne, malgré le consensus politique et médiatique, est bien la preuve qu'une majorité du « peuple » ne veut pas de l'Europe libérale et, au-delà, de la mondialisation. Qu'à cela ne tienne, on fera malgré eux le bonheur de ces braves gens dans l'erreur et les ténèbres, en ne tenant pas compte de leur avis et en suivant celui, beaucoup plus intéressant, des « élites éclairées ». Le référendum dit non ? Le Congrès, rapidement réuni, dira oui. Comment ne pas ressentir un petit *sentiment d'injustice*, ce sentiment d'injustice qui définit le socialisme d'après Orwell ?

D'où la question posée aux socialistes et aux amis du bien en général : comment faire coïncider le progrès avec « c'était mieux avant » ? On dira : faux problème. Pas du tout. Il ne s'agit pas de revenir au droit de cuissage, mais pourquoi pas à la bougie, au moins le temps de voir les étoiles la nuit, et d'arrêter le trafic aérien le temps d'entendre les bruits d'une forêt. Joseph Schumpeter a inventé ce concept qui fait rêver tous les économistes, surtout de gauche : la « destruction créatrice », le progrès qui permet de mettre les meubles anciens au feu et de s'attabler sur de l'aggloméré. Or la destruction est créatrice de malheur et plus encore de laideur, voilà la réalité de la destruction créatrice. La destruction créatrice fait que les hommes vivent *une guerre civile permanente*, qui leur est faite par les tenants de la croissance, du progrès, du changement, des réformes, de la mobilité et du reste ; guerre civile qui se manifeste notamment dans la destruction perpétuellement recommencée des villes en perpétuel chantier. La guerre civile permanente faite aux hommes est-elle la seule réponse à leur violence intrinsèque ?

La question : *est-ce que finalement les choses n'allaient pas mieux avant ?* devient non seulement très grave, mais, pour tout dire, subversive ; car elle laisse supposer qu'il n'y a pas véritablement de flèche du progrès. Dans nombre de secteurs, les choses allaient bien mieux avant. En matière de crédit et de finance (à juste titre, on souhaite revenir en arrière, au temps de la séparation des banques), mais aussi d'alphabétisation et sans doute de sécurité. Et s'il fallait ne prendre qu'un seul exemple, ce serait celui des médias. Il crève les yeux que la télévision de papa, ou de pépé, en noir et blanc, où certes l'absence de couleur HD ne permettait pas alors de contempler les grains de beauté des présentateurs, était productrice de bien collectif, et, osons le dire, de *bien-être* collectif. Que la France entière, unie, attentive, ensemble, contemple *Le Grand Échiquier*, ou *Cinq Colonnes à la une*, ou *Les Dossiers de l'écran*, ou encore *Apostrophes*, vaut toutes les bouillies pour enfants servies par des « amuseurs » aux dentitions d'une régularité absolue et à l'humour tellement meurtrier qu'il peut pousser au suicide certains téléspectateurs. Autrefois, on râlait ou s'esbaudissait ensemble de la prestation de De Gaulle devant des journalistes, parce qu'il n'y avait que ça à voir et parce que le Général avait le courage d'aller au charbon. Aujourd'hui chacun va sur sa chaîne géo, cuisine (beaucoup de chaînes cuisine, signe que chacun mitonne sa tambouille), sport, sexe, ciné, histoire, quand il ne s'agit pas de ces étonnantes chaînes info, qui passent en boucle de la réclame émaillée de trois ou quatre images piquées sur Internet, tandis que le rabâchage des dépêches AFP, ânonnées sourire banane jusqu'aux oreilles, propulse au niveau de Mahler la décervelante musique de supermarché. Car il s'agit bien, on nous l'a dit, et nous l'avons cru, et nous le croyons, de « temps de cerveau disponible ». La télé d'aujourd'hui est une mécanique à détruire du collectif

– d'où le succès, en sens contraire, de nigauderies comme « Twitter ». Quant au journal télévisé que supervisait Peyrefitte, ministre de l'Information, il valait largement les nôtres. En ce temps-là, tout le monde savait que l'académicien Peyrefitte parlait en direct à 20 heures et qu'il mentait, et chacun rectifiait de soi-même. Et en ce temps-là, il était bon de pouvoir s'opposer. Aujourd'hui, avec tous ces faux amis qui font mine de tout en ne disant rien, sauf que peut-être, quoique, on ne sait jamais, on ne sait plus contre qui se battre. Et c'est sans doute là l'un des drames des salariés, des ouvriers, des classes moyennes et de la majorité des Français, et l'explication du grand désarroi de la gauche socialiste qui perd ses électeurs populaires, *tandis qu'en France comme en Europe prospèrent les formations populistes aux idéologies d'extrême droite* : c'est que ceux-ci n'ont plus de têtes à baffer.

« Rien n'est réjouissant comme le son d'une joyeuse paire de claques donnée à qui les mérite », disait Maurice Genevoix. Qui souffleter ? Qui enfermer quand vous êtes licencié ? Le fonds d'investissement situé aux Bahamas dont vous ignoriez, la veille de votre licenciement, jusqu'au nom ? Contre qui faire une grève sauvage ? Ce crétin stressé de cadre ? Le cercle de qualité dont vous êtes l'un des membres éminents, dans cette autogestion de l'exploitation qu'est devenue l'entreprise moderne ? Dis-moi qui sont mes ennemis, mène-moi à eux, et je me battrai bien. Quelques banquiers en taule eussent fait plus de bien au moral et ramené plus de confiance dans l'économie que dix G20, G7 ou G quelque chose.

Je sens confusément que je n'ai jamais été moins libre, que cette vie est lisse et capitonnée comme le mur d'un asile psychiatrique, qu'il n'y a plus rien à espérer sinon fêter Halloween après le Tour de France en attendant la

Coupe du monde après les JO, et célébrer la fille de Gainsbourg (ou d'un autre, peu importe) en attendant d'aduler sa petite-fille, puis son arrière-petite-fille, puis son arrière-arrière-petite-fille jusqu'à la fin de la maison féodale des Gainsbourg. Je souffre de n'avoir que des amis et des gens qui me veulent du bien partout, surtout dans les médias. Et demain sera pire. Demain j'aurai mille chaînes de télé sur mon portable (je les ai déjà, d'ailleurs). Si, socialiste, j'ose dire : « C'était mieux avant », je suis cuit. Un petit malin corrigera : c'était mieux avant quand c'était mieux, sinon c'était pas mieux, donc continuons à progresser. Eh oui, camarade, tu es coincé, si tu admets qu'il y avait du mieux avant, même s'il y avait plein de pire avant, c'est que tu acceptes que la flèche du temps n'existe pas. Et que fais-tu sans l'Histoire, camarade ?

Tu ne sais pas ? Moi non plus.

Les socialistes de 2012 qui reviennent sous les ors de la République avec le bruit de fond du big bang révolutionnaire de 1789, de 1848, de 1871, de 1944, de 1968, succèdent à la droite amie des réformes et du progrès depuis 2002. Cette droite est pour l'économie verte et bientôt le mariage homosexuel. Elle a parfaitement intégré le combat des droits de l'homme, malgré quelques vapeurs de retour d'âge comme Claude Guéant. Certes, les socialistes restent eux aussi les fils des Lumières, pétris de raison, qui vont chasser les ténèbres, les sorcières, les paysans crédules, magiciens, chanteurs, poètes, baladins, les funambules, les joueurs de bonnetau et les profs de lettres classiques et autres ennemis de la compétitivité nationale pour les remplacer par des profs de gestion ; mais ils enfoncent quelques portes ouvertes ou sautent des murs déjà détruits par les libéraux et qui étaient composés de plusieurs pierres assez intéressantes. Quelles sont ces pierres détruites par « les amis du progrès et des réformes » depuis 1789 ?

La première était celle du travail précapitaliste, du travail de la corporation, de l'artisan – même racine qu'artiste –, capable, théoriquement, de réaliser tous les métiers de la corporation avant de devenir maître, et en particulier de réaliser le « chef-d'œuvre ». Que les corporations soient devenues des féodalités sous l'Ancien Régime, qu'elles évoquent tristement Vichy et qu'à ce titre elles ne soient pas aimées est une chose ; que le principe du chef-d'œuvre et de l'art soit à la racine du travail artisanal et du métier en est une autre. Après tout, on tolère les féodalités de médecins, de chanteurs, d'acteurs de ciné, pourquoi ne pas croire aux minuscules féodalités d'ébénistes et de pâtissiers ? ou de restaurateurs ? ou de plombiers ? Autrement dit, tout ce qui est artisanat, petits entrepreneurs, paysans écolos et marchands équitables appartient bien sûr au monde socialiste. *Puisqu'on ne peut abolir le travail ni changer le travail, autant revenir au travail de l'artisan, à « la main qui sait »*. L'économie associative, reniée au congrès de Marseille de 1879, timidement remise à l'honneur dans ce dernier gouvernement sous la houlette de Benoît Hamon, est évidemment au cœur du travail précapitaliste.

La deuxième pierre était celle de l'honneur (on ne rit pas) qui scellait les rapports de la féodalité (oui, oui, je sais, Richelieu, le plus riche et le plus corrompu, et mille autres, Racine, riche comme un puits, cupide comme un orfèvre et peut-être empoisonneur) ; disons alors que la deuxième était celle de la morale, celle de Jaurès et de Blum, la morale minimale, de base, le minimum vital moral, celui sans lequel un peuple ne peut pas vivre ensemble, et qui devrait interdire par exemple à un Bernard Tapie, ex-ministre d'un gouvernement socialiste, de venir étaler ses indemnités indécentes sur une radio publique. Et après vous être bien tenu les côtes, vous dites : « Ah, il redécouvre la vertu ! On a vu avec Robespierre. » Alors, disons la décence. La décence morale.

Troisième pierre, liée à la précédente, l'argent fou, l'argent libre. Comment lutter contre le cynisme dévastateur de cette société sans remettre le diable dans sa boîte ? Comment ne pas voir que le cynisme monétaire a été institué par les politiques, promu par les médias, la pub ? Que vous êtes un idiot si vous n'êtes pas un cynique ? Disons que la « perte de sens » est instituée dans l'imaginaire de la société, pour parler comme Castoriadis ou Morin. Contre la « perte de sens » et le cynisme, il y a le « bon sens » populaire, qui était incarné par les servantes dans les pièces de Molière, ce bon sens que tous les spectateurs approuvaient – aristocrates compris – comme ils eussent approuvé le « chœur » de la tragédie. Dans une démocratie, les inégalités de revenus et de fortune sont indécentes. Or il est devenu interdit de mépriser l'argent, de taire l'argent, de ne pas aimer l'argent, de cacher l'argent. « Les Français ont un problème avec l'argent. » C'est faux. Les gens qui ont un minimum de morale ont toujours un problème avec l'argent, c'est de ce problème que tous les mythes, depuis Midas, toutes les religions, monothéistes ou non, nous parlent. La défiance, à défaut le mépris de l'argent font donc partie de ce « roc » dont parlait Mauss.

Pourquoi les riches veulent-ils absolument qu'on aime parler d'argent si ce n'est pour les aimer eux, les riches ? Ils sont riches et en plus il faudrait les aimer ? Les aristocrates n'avaient pas ce genre de complexe d'amour. Il n'y avait pas plus cupide qu'un aristocrate sinon un émigré, et plus lâche et cupide qu'un émigré, peut-être un exilé fiscal d'aujourd'hui, *mais un aristo n'avait que faire du peuple.* Lisez ce reître de prince de Ligne, et vous comprendrez l'esprit aristocratique. Et pourtant la question de l'argent reste essentielle pour qui veut réfléchir à la société de demain, ou plutôt pour qui veut réussir ce que la vieille société n'a pas su imposer à travers notamment les Écritures et les grands textes comme ceux de saint Thomas. Saint Thomas, saint Ambroise, Luther, Fourier, Keynes : même combat, le combat contre le taux d'intérêt, qui nous opprime mieux qu'une maladie transmise de génération en génération à travers nos dettes. Ici, il faudrait un petit couplet sur les marchands de taux d'intérêt, les banques. Mais leur comportement fut tellement épouvantable qu'on n'a plus la force de crier. Et chaque jour apporte son lot de vilenies. « Le temps du remords pour les banquiers est terminé », clame Bob Diamond, président de Barclays. Quelques jours plus tard, il reconnaît avoir participé à une gigantesque escroquerie internationale sur le libor, le taux d'intérêt interbancaire. Il exprime ses regrets. Sous la pression, il finit par renoncer à son bonus annuel de… 25 millions d'euros. Où est le sens commun avec cet individu ? Un peu au même moment, HSBC reconnaît avoir accepté 7 milliards de dollars du cartel mexicain de la drogue. La banque exprime ses regrets. Qui sont ces gens qui continuent non seulement à circuler en liberté mais à afficher leur arrogance de personnages indispensables à la société ?

La quatrième pierre brisée, la plus essentielle, est celle du rapport à la mort. Notre haine et notre terreur de la mort se traduisent dans « l'espérance de vie » dont nous sommes si fiers d'afficher la croissance. Vous vivrez en moyenne plus longtemps que vos parents, nous dit notre monde. Mieux ? Non. Plus longtemps. Vous deviendrez centenaires. Vos parents ne furent qu'octogénaires (« un octogénaire plantait… »). Pascal vécut trente-neuf ans, Jeanne Calment, cent vingt-deux. Je ne sais ce qui vaut le mieux. Mais je sais que « l'espérance de vie », la vie future ou espérée qui permet de ne pas vivre le présent, prépare de futurs malheurs, peut-être les futures guerres « propres » à base de bombes anonymes quoique atomiques. Orwell retrouvait la peur de vieillir dans l'obsession moderne du neuf, du nouveau, du meilleur, du progrès. Keynes parlait du « désir morbide d'argent ». Il lui opposait le culte de l'amitié, de l'art, dans une société plutôt stationnaire.

Le travail, la morale, l'argent, la mort : dans ce carré magique, lequel est aussi une bande de Moebius qui passe tantôt sur la face du passé, tantôt sur celle du futur, se trouve – peut-être – le futur socialiste. En dehors de ça, il ne restera aucune raison de se dire socialiste.

Construire une société sur ces pierres (la morale, l'honneur, la vertu, le refus de l'intérêt, le travail de l'artisan ou de l'artiste, et enfin l'acceptation de la mort, « regardée d'un regard tranquille », disait Jaurès) ne laisse plus d'espace au capitalisme. « Ce système n'est pas beau, n'est pas bon, et nous ne l'aimons pas », ajoutait Keynes ; et nous ne pouvons pas l'aimer, malgré Internet.

Si l'on refuse de poser ces quatre pierres, c'est qu'on se borne, les choses étant ce qu'elles sont, définitivement, à ne pas faire mieux que lui. « L'incapacité de la gauche à franchir le pas et, comme toutes les gauches du monde, ou en tout cas en Europe, à se rallier clairement, sans réserves ni faux-fuyants, aux contraintes d'une économie de marché à laquelle *tout le monde sait, de nouveau, qu'il n'y a pas d'alternative*[1]. » Tout le monde le sait. Non, pas Guy Debord, pas les enfants de 68 qui avec lui peuvent évoquer « le talon de fer du marché ». Pas la section SFIO de Muret et les gars du maquis de Rieumes-Savères. Pas Galdon, l'anarchiste, pas les enfants des sommets sociaux ou altermondialistes.

---

1. Bernard-Henri Lévy, *Ce grand cadavre à la renverse*, Grasset, 2007, p. 85.

Et si Bad Godesberg avait été un tournant de la gauche mondiale ?, mais pas pour ce que l'on croit. À Bad Godesberg, en 1959, le SPD allemand dit reconnaître l'économie de marché et se dit lié au peuple allemand et non pas seulement aux travailleurs. C'est considérable, surtout la liaison au peuple *allemand*. Les socialistes français se disent plus volontiers liés au « peuple de gauche » ; or toute une partie du peuple de droite est vraiment populaire, et parfois pauvre ; et une partie de l'élite de droite accompagne le peuple quand il le faut. En 1914, Maurice Genevoix, cacique (major) de Normale Sup a quatre cothurnes, « des garçons charmants » dit-il, qui partagent sa piaule rue d'Ulm, de grands esprits, des normaliens comme lui. Aucun n'est riche, ni véritablement issu des masses populaires. Genevoix est fils de petits commerçants. Aucun n'est vraiment « de gauche ». En avril 1915, moins d'un an après le déclenchement de la guerre, sur les cinq, trois sont morts, deux grièvement blessés. Ces jeunes gens ne sont-ils pas du « peuple » français ?

L'une des grandes forces de la droite est de ne pas faire de distinction entre les riches, les pauvres, les grands, les petits, les forts, les faibles. Une des faiblesses de la gauche est son appel explicite aux masses populaires, aux petites gens, aux travailleurs, aux salariés, aux exploités, aux souffrants, aux humbles, tout en négligeant ceux qui, bien que riches, aisés, nantis, aristos parfois (d'Astier, d'Estienne d'Orves, Hautecloque, de Gaulle), savent s'unir au peuple, lequel est souvent de droite. « Morale minimale » : quelque chose qui n'appartient pas seulement au petit peuple, mais au « peuple », cette mayonnaise qui prend tout à coup lorsque la patrie est en danger, par exemple en 1940… Pourquoi ?

Je n'ai pas de réponse. C'est comme ça. Ça prend. Et je sais que le cynisme doit disparaître. Pas disparaître, mais au moins cesser d'être érigé en alpha et oméga de la vie, en mode de vie – l'Ancien Régime est mort confit dans le cynisme, revoyez *Ridicule*, le film de Patrice Leconte. Pour le reste, le travail notamment, quelques pistes existent.

CHAPITRE 12

L'inutile beauté

« Nous marchons dans la beauté. »
Chant navajo

On doit à Laurent Fabius, « le plus jeune Premier ministre que j'ai donné à la France » (François Mitterrand), devenu alors ministre des Finances, l'une des décisions les plus absurdes de l'histoire, plutôt fournie, des décisions démagogiques : la suppression de la vignette automobile. Frappant les grosses voitures, la vignette était une taxe écolo, anti-ostentatoire, progressive, sociale et rapportait bien. Elle n'avait aucun effet pervers sur l'économie – après tout, si un travailleur désirait se rendre au travail en grosse voiture, grand bien lui faisait. Elle limitait la pollution urbaine. Fabius la supprime parce qu'« impopulaire ». Beaucoup de choses sont impopulaires. Fabius surtout. On lui doit aussi l'exonération des tableaux de maître et objets d'art de l'impôt sur la fortune. Ça, c'est autrement intéressant. Exonérer d'impôt les objets d'art revient à favoriser la thésaurisation et la captation privée de l'art. L'art reste dans les hôtels particuliers et ne va pas dans les musées. Ce n'est pas très socialiste, mais c'est tout de même une référence à la beauté, à « l'inutile beauté » (Maupassant) et c'est bien. Le slogan rimbaldien des socialistes de 1981, « changer la vie », était bien prétentieux – même la Rimbe ne pouvait changer sa vie souffrante, et la porta, comme une tortue sa carapace, jusqu'en Abyssinie. Mais on doit à François Mitterrand d'avoir osé parler du « droit à la beauté ». C'est le seul crédit qu'on lui fera. C'était courageux, suicidaire même, comme son ministère du Temps libre qui fut daubé, raillé et l'est encore. Rien n'est autant en contradiction avec le commerce que la beauté. La beauté exige du temps, de la lenteur et, sans paraître pompeux, une pincée d'éternité. Versailles passera les siècles, sans doute la gare d'Orsay, bâtiment utilitaire construit selon les critères de l'architecture de l'Ancien Régime, mais certainement ni la gare ni la tour Montparnasse, ni les gares de TGV posées en plein champ. La façon dont le capitalisme a enlaidi le monde est stupéfiante. Regardez la laideur de ce capitalisme commercial, étalé dans les abords des grandes villes. L'urbanisme moderne donne envie de croire à la lutte des classes : aux bourgeois le centre, fruit d'une lente sédimentation, dont sont expropriés les pauvres ; à ceux-ci la laide périphérie dont le boulevard éponyme est le kilomètre étalon.

Le combat est-il perdu ? Fourier, maniaque d'architecture comme de beaucoup de choses, espérait offrir de la beauté à ses phalanstériens. Sauf que la beauté est sans doute quelque chose de trop lent, délicat, et trop onéreux : l'architecte Bofill, malgré sa bonne volonté « grecque », ne fit pour le maire socialiste Frêche que du faux-semblant en béton qui, comme tout simili bétonné, vieillit mal. Mais l'ingénieur Eiffel sut faire utile et beau (ses viaducs) et inutile et beau (sa tour de Paris), ce qui est plus facile. Les viaducs d'Eiffel sont la preuve que la réconciliation de l'utile, de la science et du beau devrait être un combat socialiste permanent[1].

1. Ce que Keynes clamait à la BBC : transformer les taudis en zones aussi belles que les quartiers bourgeois de Londres, aussi belles

La beauté appartient à l'identité collective, comme tout ce que s'obstine à détruire le commerce, comme la nature, la mer, et même la langue gangrenée par le « globish », lequel, après tout, engendrera un jour son « globish » Shakespeare. Tout le monde s'accorde à dire que la Corse reste une belle région ; elle fut plus imperméable aux facilités du commerce et de l'urbanisation de masse que l'Espagne, qui fit sa croissance sur la destruction et l'avilissement des paysages les plus beaux de Méditerranée. Cadaqués, sur la Côte Brave, vient d'être recopié à l'identique en Chine. L'identité des villages de pêcheurs précapitalistes avait un sens, et quelque charme (quelque valeur d'échange, diraient les marchands).

Vous direz : c'était sans doute mieux du temps des rhinocéros laineux, ou des ours ou des lionnes peints sur les parois de la grotte Chauvet, sauf qu'il n'y en a plus, et qu'on ne s'en porte pas plus mal. Exact. De même que les mammouths ne nous manquent pas. Mais quand vous voyez l'appétit avec lequel les amis de la nature observent à la jumelle la dernière bestiole vivante sur une terre gorgée de poison, l'avidité du prisonnier regardant le ciel par la fenêtre de sa cellule, vous songez à la phrase du communiste Éluard piquée dans l'Évangile : « L'homme a besoin de pain mais aussi de poésie. » Et sans doute est-ce un besoin maladif d'arrêter la beauté, la jalousie malade, morbide du chasseur qui le pousse à l'assassiner. Rien n'est répugnant comme transformer un animal gracieux en tas de plumes ou de poils ensanglantés. La jalousie, le ressentiment du chasseur vis-à-vis de la beauté, relève du viol de celui qui n'en peut mais. Un personnage connu pour ses essais sur la Rome antique

---

que son délicieux quartier de Bloomsbury. Keynes n'était pas socialiste, ne nous trompons pas, mais il croyait pouvoir apaiser les esprits par la contemplation de la beauté.

me disait : « Tu ne peux comprendre la chasse ; c'est toute la différence entre une masturbation et tirer un coup. » Oh, que je comprends, mon pauvre ami ! Je comprends cette pulsion qui te pousse à assassiner la grâce que tu n'auras jamais. La contemplation des fresques Chauvet coupe le souffle plus que celle des grands tableaux, car se glisse avec elle ce sentiment océanique que l'on nomme profusion. Ces hommes vivaient dans la profusion. Et les hommes de la rareté (les économistes, les commerçants, les capitalistes, nous tous) ont prétendu retrouver cette profusion par l'accumulation des objets et la construction de dépotoirs.

La beauté exige de la lenteur, la guerre économique de la vitesse, du travail rapide, vite fait mal fait, et mal consommé. Et de l'*hubris*, de la démesure. Hors du marché chinois, point de salut. Vite, un milliard de voitures de plus, un demi pour la Chine, un demi pour l'Inde. L'Inde n'a plus une goutte d'eau potable, mais ce n'est pas grave. « Accumulez, accumulez, c'est la loi et les prophètes ! » (Marx). Faire désirer des voitures aux Chinois est un crime contre l'humanité. L'enrichissement démesuré fait perdre toute retenue aux plus riches, qui insufflent un désir, une jalousie vénéneuse aux plus humbles et détruisent la planète sans même s'en rendre compte. C'est pourquoi la limitation des fortunes reste aussi un objectif socialiste. Elle est la limite à la quantité d'armes dans les mains des assassins. La recherche d'une démocratie sociale (Jaurès encore), la promotion de l'association, de la coopérative, *incompatibles avec les trop grands marchés* (c'est bien le reproche que firent les guesdistes aux broussistes car, croyaient-ils, seuls les grands marchés favorisaient la lutte des classes…) est par essence anticapitaliste. La relocalisation, les circuits courts, les petites structures, tout ceci en relation avec la vieille notion de métier, est anticapitaliste. Les petits métiers de Paris firent le peuple de Paris. Malgré leur éloge de la Commune, les socialistes « scientifiques » méprisèrent ce qui relevait des classes archaïques destinées à disparaître et n'ayant aucun rôle à jouer dans la grande bataille mimétique du prolétariat et de la bourgeoisie. L'histoire de la Commune montre que les cordonniers y jouèrent un grand rôle. Depuis La Fontaine, les cordonniers chantent et les financiers tremblent sur leur or. Ces petits métiers avaient quelque chose à voir avec la beauté. Mais nous voilà sur un terrain dangereux, réactionnaire pour tout dire. Car du métier, on passe vite à l'histoire, à l'identité, à la lenteur, au cycle, aux coutumes, aux particularismes. Mais que sont les congés payés sinon un retour au travail précapitaliste, au travail qui implique un repos et un cycle, le vieux travail du Moyen Âge empli de jours chômés ? Le travail tel que le concevaient les paysans au moment de la révolution industrielle et qu'il a fallu déshabituer de leur coutume étrange de travailler le minimum pour vivre, pas au-delà, et qu'il a fallu *enfermer* dans les mines pour qu'ils respectent le chronomètre ? Concrètement, on enlevait les échelles des issues de secours, car les paysans, une fois leur écot gagné, avaient tendance à revenir sur leur lopin de terre[1]. La pointeuse n'est pas pour le travail précapitaliste. Qui ne voit que les réformes de 1936 limitant le travail, créant des « vacances », étaient profondément *réactionnaires* ? L'abolition du temps, le travail sans fin, le travail le jour, la nuit, le dimanche, l'accélération du temps qui fait que le sentiment du temps passé ou du travail accompli est aboli, et que l'on compense par *l'accumulation de ce dont on n'a plus le temps de jouir*[2] (déjà mon nouveau portable est avidement acquis alors que je n'ai pas eu le temps de m'adapter

1. Ça se fabrique, une classe ouvrière ! Lire les ouvrages de l'historienne Rolande Trempé notamment *Les Mineurs de Carmaux 1914-1918*, Éditions ouvrières, 1971.

2. Lire *Accélération : Une critique sociale du temps* de Harmut Rosa, La Découverte, 2010.

à l'ancien, déjà l'iPad pousse l'iPhone et, pour ceux qui savent encore lire, on achète compulsivement dix romans parce qu'on n'a pas le temps d'en lire un seul).

« À bas la société de consommation » est un slogan socialiste. C'est : « À bas l'obsolescence programmée de toutes les marchandises produites, la généralisation du crédit, le mouvement perpétuel du spectacle. » Bien entendu, l'« homme unidimensionnel » et la « société du spectacle » ont été rapidement oubliés par les socialistes, mais pas par les publicitaires, qui, dès les années 20, juste après la révolution bolchevique, mettent en place comme barrière au communisme[1] la société de consommation qui deviendra le fordisme tant aimé des sociaux-démocrates ; ces publicitaires sont bien conscients que le monde social est régi par des phénomènes de panurgisme, de mode, d'opinion, autrement dit des phénomènes collectifs et non pas individuels, ce que Keynes le premier théorisera pour la Bourse. Déjà notre brave Fourier plaçait en tête de ses huit cent vingt passions le délicieux « groupisme », passion agrégative et moutonnière. Ce décalage entre les praticiens du libéralisme (les marchands de cigarettes qui inventent une marque « Visa » destinée aux pays africains dont la majorité des habitants sont encore des non-fumeurs) et les théoriciens qui croient, ou feignent de croire, ou sont payés pour croire, que les pauvres d'Afrique « maximisent une fonction d'utilité sous contrainte sans illusion monétaire[2] » s'explique sim-

1. Edward Bernays, né à Vienne, double neveu de Freud, père de la manipulation publique et de la propagande (il publie en 1928 *Propaganda : Comment manipuler l'opinion publique*). Il fait partie du Committee on Public Information créé par Wilson pour préparer les États-Unis à l'entrée en guerre. Ses premiers services privés vont à la marque de cigarettes Lucky Strike.

2. Jargon de base destiné aux étudiants de première année d'économie.

plement : les idéologues du libéralisme économique (profs, journalistes économiques…) sont les tapins qui, avec les publicitaires, appâtent le client en faveur de la liberté, de l'égalité du marché et de l'autonomie des choix, tandis que les producteurs sont les michetons qui encaissent l'argent des phénomènes inconscients et collectifs. L'économie, la vraie, est dans Gustave Le Bon ou Trotter, ou Freud, ou encore Keynes, éventuellement dans Veblen, et non dans ce pauvre Walras qui lui-même se croyait socialiste[1].

Le capitalisme est ce moment social total où l'argent et le calcul contaminent tout fait humain, désagrègent toute réalité sociale pour la reconstruire sous forme lyophilisée, comme il fabrique de l'aggloméré avec du bois ou de la fausse pierre avec de la vraie[2]. D'où l'appel incessant aux jeunes, par définition les moteurs du « progrès » ; ils sont dans l'avenir, veulent un monde meilleur. C'est faux. Ils veulent la maison que s'obstinent à garder leurs parents et le boulot auquel ils s'accrochent. Mais la jeunesse est le moment où la poésie n'est pas encore totalement absente des âmes. On rêve encore. On n'est pas sérieux. On rêve encore d'art et de beauté. En attendant que le marché mette du plomb dans les têtes, faciliter l'émergence en chacun de la partie artistique qu'utiliseront l'artisan, l'artiste, le chercheur, le poète, est, par essence, un projet socialiste.

---

1. Il fit acte de candidature pour le prix Nobel de la paix, parce que l'échange économique conduit à la paix… C'est bien connu : jamais les échanges internationaux n'augmentèrent autant qu'à la veille de la guerre de 1914.

2. Petit coup de chapeau à Swift. Dans ses voyages, Gulliver rencontre ce professeur qui, à partir de matière fécale, espère revenir aux aliments d'origine. C'est exactement le capitalisme : tout transformer en déchet (argent, fèces…) et le recomposer pour la vente sous les multiples emballages des multiples produits.

CHAPITRE 13

Homo hierarchicus, homo œconomicus, homo benevolens

« La liberté, la vraie, la pleine, la vivante liberté… si nous ne pouvions pas marcher et chanter, et délirer même sous les cieux, respirer les larges souffles et cueillir les fleurs du hasard, nous reculerions vers la société actuelle, ses iniquités, ses oppressions. »

Jean Jaurès

« Le courage c'est d'aimer la vie et regarder la mort d'un regard tranquille. »

Jean Jaurès

Demeure l'horreur capitaliste, mais il n'y a pas de paradis socialiste, ni proche ni lointain. Après tout, on peut décider d'abandonner le qualificatif socialiste, comme le PCI abandonna la qualification « communiste », et adopter une ligne sociale-démocrate claire, à l'allemande. Ce qui exige un certain nombre de nouveautés qui n'existent pas en France : s'affirmer clairement révisionniste, refuser la notion de « peuple de gauche », qui est un simple avatar de la classe ouvrière, laquelle n'a jamais existé et moins encore eu conscience de quoi que ce soit (c'est pour cela que Lénine a écrit *Que faire ?* : pour construire un parti qui pense pour autrui).

À Bad Godesberg, les sociaux-démocrates allemands ont prétendu représenter le peuple, tout le peuple, et non le peuple de gauche ou la classe ouvrière. Cela signifiait : accepter des syndicats puissants, fournisseurs de services et non révolutionnaires ou contestataires, gérant une « sociale » réelle, dans l'enseignement, la formation, les chorales, les théâtres, les centres de loisirs, les clubs d'échecs, etc. Un peu ce qu'avait voulu Léo Lagrange, avec ses centres sportifs, de vacances, son effort pour les billets de congés payés, un peu ce que le parti communiste avait créé dans la banlieue rouge. Cela signifiait également accepter comme les Allemands la nation. Non seulement l'accepter, mais la mettre au-dessus de l'internationalisme.

Au congrès de Copenhague de 1910, les socialistes de l'Internationale sentent bien que la guerre menace. Édouard Vaillant propose avec l'Écossais Keir Hardie la grève générale dans toutes les industries de base. Les Allemands refusent net. Pourquoi ? Parce que, selon eux, déjà, le pays le plus défavorisé sera celui où le syndicalisme est le plus fort et le plus discipliné, et donc la marche vers le socialisme le plus avancé : l'Allemagne sera pénalisée par rapport à la France et son alliée la Russie. Les délégués allemands entendent préserver l'avenir de leurs ouvriers face à des pays retardés comme la Russie : « Ils se sentent fondés à défendre la patrie allemande, sanctuaire du socialisme international, face à la barbarie orientale. » Entre le patriotisme et la cause ouvrière internationale, on choisit l'Allemagne. D'abord la patrie, c'est ce qu'avait non seulement pressenti Jaurès, mais ce qu'il défendait. Le seul socialiste conséquent fut Lénine qui, avec son « défaitisme révolutionnaire », entend poignarder dans le dos son propre gouvernement en guerre pour précipiter la défaite. *Exactement comme la droite* qui, en 1870 et 1940, précipitera deux fois la défaite et suppliera l'envahisseur de lui laisser liquider la canaille. La canaille résistante et patriote.

Mais l'horreur capitaliste ? Les socialistes ont triomphé dans les combats démocratiques et perdu dans les combats économiques. Hélas, ce qu'ils pressentaient depuis la Grande Révolution – et c'est pourquoi, de républicains, ils sont devenus socialistes – est advenu : le règne de l'argent a créé les inégalités les plus insupportables, les plus frustrantes. Si l'inégalité de droit divin est une chose – sans doute inadmissible et d'autant plus inadmissible que l'on ne croit plus en Dieu, c'est pourquoi les Français firent une révolution –, l'inégalité imposée par les hommes soi-disant égaux, par « ceux qui sont plus égaux que les autres », dirait Orwell, est absolument odieuse. On peut la corriger, la tempérer, les impôts sont là pour ça, on peut modérer l'effet de l'héritage, mettre à mal les « héritiers » de Bourdieu, mais reste le cœur du problème.

Le capitalisme n'est pas le simple prolongement de la vieille société mais son enfant démoniaque, dégénéré, fruit d'une mutation génétique liée à la technique. Il est morbide et suicidaire. Morbide : je ne vais pas revenir sur les thèses freudiennes de l'accumulation déjà développées avec Gilles Dostaler. Suicidaire : il sait. Il sait qu'il tue l'humanité, et il le fait. Je suis convaincu que les puissants, les riches, les dominants, M. Total, M. Areva, M. Ikea qui liquide les forêts tropicales, M. Volkswagen qui automobilise le monde et transforme les rues en égouts à bagnoles, et M. Bouygues qui le bétonne, savent parfaitement qu'en continuant ainsi, ils détruisent la vie sur terre. Ils continuent parce « qu'ils ne peuvent pas faire autrement », c'est la concurrence, c'est les emplois, autrement dit ils ne savent qu'accumuler, en attendant l'économie verte et le retour des lions dans l'Atlas et des loups en Angleterre, ce dont ils se moquent éperdument dans leur bulle. La vieille société n'était pas suicidaire, car *elle ne savait pas qu'elle pouvait mourir.* Celle-ci le sait, elle a créé la technique adéquate, et les grands, les puissants savent que déjà le monde a frôlé le cataclysme nucléaire à maintes reprises ; et qu'à force de frôler les platanes, on finit par s'y encastrer (voir les remarques désabusées de McNamara à ce sujet, reprises par Jean-Pierre Dupuy[1]).

Admettons que les puissants se reconvertissent à l'économie verte. Au capitalisme vert.

L'écologie ainsi pensée n'est pas l'ennemie de l'économie, mais un grand moment de bonheur pour elle. Cette écologie est le moment ultime de l'économie, son dessert, sa crème chantilly une fois que le monde a été dévoré. L'économie est la science de la rareté : tout ce qui peut conduire à la rareté est bon pour l'économie et pour le capitalisme. L'air, qui était depuis longtemps quelque chose de gratuit dont profitaient les plantes, les bêtes et les hommes, va devenir payant et négociable : on sent les fabricants de CDS sur les quotas de gaz à effet de serre frétiller devant leur terminal d'ordinateur. Tout ce qui peut faire l'objet de quotas et de négociations (l'accès à une forêt, par exemple) peut désormais être marchandisé et domestiqué par le calcul économique. Les eaux glacées du calcul égoïste ont devant elles la banquise qui fond, les derniers poissons sauvages, les gènes des plantes de l'Amazonie, et demain l'énergie nécessaire pour envoyer des milliardaires à demi débiles en vacances sur la Lune. Tout ce qui existe a vocation à passer par l'eau de vaisselle du libéralisme, à être nettoyé dans l'évier graisseux de l'offre et de la demande. Ce monde totalitaire du calcul, de l'évaluation et de la computation peut bien être peint en vert,

1. Dans Alain Caillé, *Comment peut-on être anticapitaliste ?*, *op. cit.*

avec le logo Monsanto écrit en vert, il reste le monde du calcul et de l'horreur économique.

Il ne viendrait à l'idée de personne que quelqu'un puisse se promener dans une forêt pour rien, pour son plaisir par exemple. Non. Le temps de promenade doit être évalué en fonction du temps qui n'est pas passé au travail. Si révolte future de l'humanité il doit y avoir, ce sera une révolte poétique, une révolte contre la laideur. Tout ce qui est calculable est utile. Tout ce qui est rare est calculable. Le capitalisme réussit à extirper la beauté et la poésie du monde ; ce n'est pas contre les hommes que lutte le capitalisme, c'est contre la part de poésie en eux ; les hommes ne le supporteront pas. Même peinte en vert, la pollution reste la pollution. La nature est un luxe. « L'exubérance est beauté » (Blake), la rareté est laideur ; c'est pourquoi l'économie est laideur. Vous n'empêcherez pas l'économie verte d'être laide. Les hommes ont besoin d'abondance, de profusion, cette profusion représentée sur les murs de Lascaux ou de la grotte Chauvet. Pour ça, les socialistes leur ont promis un jardin d'Éden avec parkings, autoroutes et périphériques, et les capitalistes trois voitures et quatre smartphones pour vaquer dans le jardin. On devine que ce n'est pas l'abondance, pas plus que ces mille chaînes de télé où l'on entend à longueur de journée : achetez, consommez et votez pour moi ! Qui peut croire que le tas d'ordures construit par le capitalisme, où s'empilent les carcasses des millions d'objets faits et jetés par les hommes, est « l'abondance » ? Qui peut croire qu'un bidonville où s'entassent ces mêmes objets pas encore jetés sous de la tôle ondulée est « l'abondance » ?

Oui, mais les hommes feront pousser des fleurs sur les toits des maisons et cultiveront du miel là où était le périphérique. C'est autre chose. Ce n'est déjà plus le capitalisme. Allez dire à M. Peugeot, qui se lance à fond dans la voiture électrique, qu'il faut transformer le périphérique en pelouse !

Peignons donc en vert l'usine, « ce squelette dont la chair est l'ouvrier » (Marx), peignons en vert le squelette et prions que Notre-Dame la Technique ne nous joue pas quelque tour en jetant dans la nature un virus à défaut d'une bombe miniaturisée ou autre chose de maléfiquement progressiste. Prions que Notre-Dame la Technique accroisse et accroisse encore la productivité des hommes pour retarder le moment où le dernier capitaliste utilisera le dernier mètre cube d'air à fumer son dernier cigare. Je suis homme, je ne peux pas me passer de Notre-Dame la Technique depuis que j'ai inventé le silex taillé et le fil à couper le beurre. C'est ainsi. Elle me fait fantasmer, la dame, avec ses projets pour moi de vie éternelle, car comme tout humain, j'ai peur de la mort.

Que faire ?

Le capitalisme est un abandon sans réserve à la chose. Le capitalisme a chosifié les hommes. Le capitalisme est la circulation des objets pendant que les hommes restent en prison, sont incarcérés dans leurs automobiles (je dis cela pour Kerouac ; *On the road*, c'était le bon temps, *it's over*). Le capitalisme est la dictature des objets. Marx, Marcuse l'ont dit. Mai 68 était une révolte contre les objets.

Hobbes, dans son *Léviathan*, a pressenti l'essence du capitalisme : « Car n'existent en réalité ni le *finis ultimum*, ni ce *summum bonum* dont il est question dans les ouvrages des anciens moralistes… La félicité est une continuelle marche en avant du désir, d'un objet à un autre, la saisie du premier n'étant encore que la route qui mène au second… Ainsi je mets au premier rang, à titre d'inclination générale de toute l'humanité, un désir perpétuel et sans trêve d'acquérir pouvoir après pouvoir, désir qui ne cesse qu'à la mort. »

L'homme est mouvement du désir. Le capitalisme est mouvement malsain, mauvais, détourné du désir. Marcuse, Reich espéraient récupérer l'énergie vitale, sexuelle au premier chef, perdue dans l'accumulation du capital, et la détourner vers la calme utopie d'une société anarchiste. Au fond, Marcuse rêvait de « la délivrance » et du nirvana, ce lieu « où ne règnent ni les dieux, ni les pères, ni les maîtres, là où ne sont ni les voyants, ni les sachants, ni les non-voyants ». Mais une énergie, une pulsion ne devient jamais le calme d'un lac, sauf à tomber dans un lac ou un puits sans fond…

Il faut donc quelque chose d'infini à proposer à cette énergie humaine.

Le libéralisme propose l'accumulation infinie d'argent, ou encore la destruction créatrice, qui est un perpétuel renouvellement, une variante du rocher de Sisyphe toujours recommencée. Mais le rocher, à trop rouler sur les hommes, va les écraser. André Gorz, socialiste, optimiste, pensait que les difficultés écologiques obligeraient le capitalisme « à s'adapter une nouvelle fois[1] ». Comme disait tristement Vincent Auriol à mon père, à la section de Muret : « Il intégrera cette contrainte comme il a intégré toutes les autres » Ayant compris que le prolétariat comme classe émancipatrice avait disparu[2], si tant est qu'il ait jamais existé, restait l'espoir que la catastrophe écologique imminente transformât les hommes en bêtes sobres et prudentes. L'autolimitation des besoins, le refus du productivisme, l'extension de la sphère associationniste et coopérative, la reconstruction conviviale de la société, Marcuse d'une main, Illich de l'autre, mettraient fin à l'*hubris* capitaliste. Quelques catastrophes « pédagogiques » (Tchernobyl,

1. « Leur écologie et la nôtre », *Les Temps modernes*, mars 1974.
2. André Gorz, *Adieux au prolétariat*, nouv. éd. Le Seuil, 1983.

Fukushima…), et l'homme comprendra et ira vers la douce décroissance.

C'est évidemment profondément comique. Croire que les hommes vont tout à coup abolir le temps en répétant la vie monacale des trappistes et donner du sens à leur vie par l'éternel retour du même, matines, vêpres, complies, voire attendre l'orgasme paradisiaque en répétant les *Exercices spirituels* de saint Ignace de Loyola est assez émouvant et ridicule. Que l'humanité puisse engendrer une sainte Thérèse d'Ávila ou un saint Ignace est déjà stupéfiant, un vrai miracle, Seigneur ! Ce que veulent les hommes, c'est plus de voitures pour tourner en rond toujours plus vite, en détruisant en deux siècles le pétrole que la terre a mis vingt millions d'années à fabriquer. Ils veulent a-van-cer.

Chaque société engendre ses caractères, admirés par elle. Il y eut le preux, le moine, le savant. Aujourd'hui sont aimés le bouffon, le spéculateur jamais rassasié, l'escroc, l'artiste autodestructeur ou le sportif mal élevé, exhibitionniste, imbécile mais richissime, compassionnel le jour du Téléthon, où il daigne revenir de Suisse, l'alcoolique du travail (l'alcoolique du bon vieux temps a moins bonne presse), l'entrepreneur faustien, et enfin le flic. Le policier est télévisuellement ubiquitaire, avec le bouffon. Rien de bien socialiste là-dedans. Dans cette canaille, le seul qui soit autorisé à ne pas avoir d'argent est le policier.

Jaurès, Jaurès, toi qui écrivis directement ta seconde thèse en latin… trouves-tu de la fraternité dans cette bande ?

Et pourtant, la fraternité fonctionne ! Dans un jeu d'argent passionnant où l'on faisait jouer une équipe d'HEC, bien formée à l'égoïsme, au chacun pour soi, à l'efficacité et au calcul économique contre une équipe de basket de banlieue, on constate que les banlieusards mettent la pâtée aux petits crétins d'HEC, parce qu'ils ne jouent pas perso, mais pour l'équipe, et se redistribuent les profits ensuite ; ils écrasent les petits « homo œconomicus »[1]. Hélas, hélas, hélas. Cela ne dure pas. Car dès qu'un petit malin parmi eux fait semblant de jouer pour toute l'équipe et part tout seul avec la mise, autrement dit dès qu'apparaît un passager clandestin, un petit futé démerdard qui ne joue plus « coopératif » mais « égoïste », tout le monde se met à jouer égoïste. Le passager clandestin est le virus, la pomme pourrie qui contamine le panier sain. Et toute l'équipe des basketteurs contaminée se retrouve avec des gains modestes, comme les HEC qui, dès le départ, jouaient égoïste. Le libéralisme est l'éloge du passager clandestin, de l'égoïste qui cherche à « avoir » les autres. Le passager clandestin a des milliers de visages, depuis l'escroc à la Sécu à l'escroc à l'impôt, en passant par le type qui laisse ses ordures ou ses déjections canines dans la rue. Marx avait raison : le libéralisme (le capitalisme) a vocation à contaminer tout ce qui ne lui appartient pas. Or l'existence de l'équipe des basketteurs coopératifs prouve que le sentiment coopératif peut se créer, se fabriquer, et qu'une fois qu'il est construit, il faut tout faire pour le préserver.

Pourquoi nos petits basketteurs sont-ils coopératifs ? Parce qu'ils sont gentils alors que les nigauds d'HEC et des écoles de commerce sont méchants ? Pas du tout. Ils sont du même bois. Comme les pauvres sont du même bois que les riches. Mais ils aiment que leur équipe gagne, ils en tirent tous ensuite d'énormes profits symboliques ; et cela ne passe que par la coopération, le « collectif ». À

1. Lire la description de ce jeu essentiel dans *Au-delà de la rareté* de Bruno Ventelou, Albin Michel, 2001.

part chez un communiste – si vous avez la chance d'en trouver encore un –, c'est chez un entraîneur que vous entendrez sans arrêt ce mot : « collectif ». C'est le vieux rêve socialiste, encore une fois, le rêve de Léon Blum : « Nous sentons que la vertu véritable, celle que procure la pleine satisfaction du cœur, c'est de devoir sacrifier notre centre d'intérêt présent et notre profit égoïste au bonheur commun, et que là sont les formes authentiques de cette fraternité que nous enseignaient les religions, de l'immortalité qu'elles nous ont promise[1]. » Doux Jésus ! Comme les socialistes auront flirté avec les religions ! Comme ils auront, eux aussi, prétendu à l'immortalité, cette immortalité que le capitalisme offre dans des gains d'espérance de vie ! C'est ce que font les joueurs d'Ahmed Banlieue : atteindre à l'immortalité par la fraternité.

Chacun sa méthode : Blum par la fraternité, le capitalisme par la technique. Ainsi un homme d'affaires russe, surfant sur le désir d'immortalité, propose de transférer votre cerveau dans un robot, ce qui vous assure la vie éternelle comme machine[2]. L'homme-machine enfin réalisé. À l'opposé de l'homme-machine, il y a l'homme poétique de Blum : « Dans l'humanité, tout aspire à la floraison, au plus riche épanouissement de l'esprit et de l'âme. Cet instinct, refoulé jusqu'aux tréfonds de la conscience par toutes les contraintes, toutes les misères sociales, c'est le socialisme qui saura lui rendre sa force et sa splendeur[3]. »

Mais quel socialisme ? Voici la réponse.

Il est un domaine où l'on ne peut exister que par la coopération, sinon l'on meurt, c'est la recherche. Le chercheur est celui qui donne sans perdre (par exemple dans

1. *Pour être socialiste*, *op. cit.*, p. 20.
2. Un certain Dmitri Itskov, et son projet « 2045 ».
3. Léon Blum, *Pour être socialiste*, *op. cit.*

un colloque) et qui prend sans voler aux autres (ce qu'il a lu ou entendu dans un colloque). Einstein eût été plus honnête, il eût rendu un hommage vibrant, en tout cas beaucoup plus vibrant, à Louis de Broglie. Mais celui-ci s'en moquait : il était ravi qu'Einstein eût découvert la relativité générale, il n'avait pas eu le temps, ou peut-être la possibilité, de l'écrire.

Le savant n'est pas un surhomme, loin de là, il a des problèmes d'amour et de mal au dos, comme le dernier des mitrons ou le premier des patrons. Mais il est mû, intrinsèquement, par le besoin de coopérer. Il réfléchit, écrit, donne aux autres, leur prend, et est *obligé de rendre.* Il est donc exactement dans le don-contre-don au sens de Marcel Mauss. Il n'est pas mû par la cupidité. Certainement son âme en contient autant que celle de quiconque, et autant de goût de viol et de violence, mais son travail n'a pas pour but d'accumuler de l'argent. Ses profits sont d'abord symboliques. Son besoin d'avancer dans la connaissance lui impose ce fonctionnement coopératif et altruiste : il doit donner, recevoir et rendre, c'est la seule condition pour lui d'avancer. A-van-cer. Ainsi le besoin vital de l'homme, bouger, avancer, découvrir, est-il réalisé en même temps que la nécessité de la coopération. Et non seulement il avance, mais il avance dans l'abondance. Il ne sera jamais rassasié de connaissances. Contrairement à l'accumulateur d'argent, il ne détruit pas des nappes de pétrole ou des forêts. Certes, ses équations, ses brevets débouchent sur l'arasage de forêts ou l'épuisement de matières premières, car la technique est prostituée, commise à soutenir l'industrie, c'est même la caractéristique majeure du capitalisme, mais cela ne relève pas de la décision du scientifique. Il est en amont. Sa recherche en chimie peut déboucher sur des vaccins ou des pesticides, ce n'est pas de son ressort. Ce qui nous intéresse, c'est son goût pour la connaissance et la découverte.

En informatique, la naissance du logiciel libre, considéré comme un « cancer » par les logiciels propriétaires, a démontré que le plaisir de la coopération gratuite permettait de concevoir des produits autrement plus efficaces que les produits classiques offerts par Apple ou Microsoft. Les développeurs du logiciel libre sont mus par le plaisir de la recherche et du progrès. Bien sûr, ils perçoivent des gains symboliques. Mais leur goût de la liberté (que l'on retrouve chez Richard Stallman, l'inventeur du logiciel libre) et de la gratuité dépasse tout autre gain matériel. Qui connaît Tim Berners-Lee ? Personne. Qui connaît Bill Gates ? Tout le monde. Bill, qui n'a jamais rien découvert mais a su utiliser les découvertes des autres et imposer, par la vente forcée, la vente obligatoire, ses produits au monde, n'est pas dans la découverte mais dans le commerce. Le commerce forcé exactement, puisque vous ne pouvez acheter un micro-ordinateur sans avoir à l'intérieur ses logiciels, comme si vous étiez obligé d'acheter une voiture avec le plein, disons de vêtements. Tim Berners-Lee a mis à disposition de tous, complètement gratuitement, le World Wide Web, oui, le WWW ! S'il ne l'avait pas fait, notre monde serait tout autre, et sans doute Bill Gates n'existerait-il pas. Et les promoteurs du logiciel libre fonctionnent selon le modèle donner-recevoir-rendre.

L'irruption d'Internet dans la vie des hommes ouvre les portes d'une nouvelle abondance, non pas matérielle mais virtuelle, comme l'équation mathématique est virtuelle. Internet est bien entendu un lieu de publicité, de commerce et de pornographie, rien de bien neuf, mais aussi un remarquable instrument de connaissance et de coopération. Celui qui va sur Internet doit a priori coopérer pour participer à un site de réflexion ou de partage. Internet mobilise la coopération avant l'égoïsme. Le chercheur, altruiste par nécessité, est le caractère, le personnage qui peut être non seulement promu mais généralisé dans la société de la connaissance. Et l'infini de la connaissance ouvre enfin les vannes de l'abondance à ceux qui l'ont perdue depuis le paradis terrestre. Depuis précisément que le premier couple a osé goûter aux fruits de *l'arbre de la connaissance* : quel renversement ! Voici que l'homme revient à la connaissance !

Il n'y a pas que les chercheurs qui fonctionnent selon le donner-recevoir-rendre. Les milliers d'associations qui vivent en France depuis la loi Jaurès-Millerand sont, à leur manière, des chercheurs, des développeurs libres. Toutes ces cigales créent une énorme richesse qui n'est jamais comptabilisée, contrairement à celle des fourmis[1]. Leur travail est plus proche de celui de l'artisan que du travailleur à la chaîne, perdu dans la grande division internationale du travail. Artisan, artiste : nul ne saurait être artiste s'il ne sait donner-recevoir-rendre. Que seraient les peintres modernes sans l'art africain ?

Les hommes bienveillants, variante des *oratores*, dont le modèle est le chercheur, sont les pollinisateurs de la société. Ils créent une richesse à jamais incommensurable, puisqu'« il n'est de richesse que d'hommes », cette richesse que les marchands s'efforcent d'accaparer. Il ne s'agit pas d'exterminer les marchands, bien au contraire. Les marchands sont des passeurs. Les marchands arabes ont transmis de la Chine et de l'Inde toutes les découvertes à un Occident abruti et barbare. Ils ont préservé Aristote via Averroès et l'Andalousie. Mais ils ne sont que des passeurs.

---

1. Nous nous permettons de renvoyer au deuxième tome de notre *Antimanuel d'économie*, « Les cigales », Bréal, 2003.

On peut imaginer que le chercheur sera le modèle de demain. Appelons ce modèle, cette figure nouvelle, « Homo benevolens ». Homo benevolens est bienveillant, généreux, altruiste, fécond, libéral, talentueux. « *Ingeni benigna vena* », une veine généreuse de talent. Homo benevolens peut-il succéder à homo hierarchicus et homo œconomicus ?

S'il était un seul livre à lire pour se dégoûter définitivement du vieux monde, ce serait *L'Équilibre du monde* de l'Indien Rohinton Mistry[1]. Comment ne pas haïr les castes après ce livre ? Comment ne pas haïr l'interdiction de changer de métier, de vie, de lieu ? Sauf que les castes sont toujours là, parées des vertus de l'égalité des chances, du droit à la mobilité et de la liberté.

Homo œconomicus… qui ne le connaît ? Il est l'homme d'Adam Smith, de Marx ; l'homme des eaux glacées du calcul égoïste. Égoïste. Narcissique. Ne pense qu'à lui. Se tatoue pour être original. Réalise le bien social à partir des égoïsmes privés. Vices privés, vertu publique. Homo œconomicus fait le pari libéral : l'homme est mauvais, mais l'équilibre des méchancetés réalise le bonheur public.

Homo benevolens, le chercheur, n'est ni bon ni mauvais, il cherche ; il n'est pas limité par le besoin, ni par la rareté comme homo œconomicus (sans rareté pas d'économie), ni par la soumission à autrui comme homo hierarchicus. On pourrait décliner à l'infini les vertus d'homo benevolens. Car, bien entendu, la connaissance intérieure et la paix intérieure taraudent l'homme bien avant Bouddha, Montaigne et Freud. Homo benevolens est du côté des artistes, donc de la beauté. Enfin, homo benevolens répond aussi à *la* question majeure, essentielle, première du socialisme, la seule au fond, qui est celle de la propriété. Car

1. Albin Michel, 1998.

la connaissance ne se privatise jamais. Dieu merci, Homère n'a pas voulu vendre l'*Iliade*.

Reste la question du basculement, de l'évolution vers homo benevolens. Le socialisme est une évolution, une recherche. Comment, dans la hiérarchie des caractères humains qui cimente une société, évoluer vers homo benevolens ? Voilà un beau combat socialiste ! Bien évidemment, il n'interdit en aucune manière de museler le diable, l'argent. Mais si la vieille société – *laboratores* en bas, puis *oratores* et enfin *bellatores* en haut – était construite sur une hiérarchie inadmissible, la société « socialiste » (dix mille guillemets) doit retrouver une hiérarchie : en haut, homo benevolens, en bas, homo hierarchicus, au milieu, homo œconomicus. Remarquez que le marchand n'est pas en bas, nous ne l'avons pas fait revenir du noble à l'ignoble, où il était au Moyen Âge, nous ne nous moquons même plus de lui comme Molière dans *Le Bourgeois gentilhomme*. Il est entre homo benevolens et homo hierarchicus, entre les deux, étymologiquement « dans l'intérêt », entre les êtres, c'est sa raison d'être.

Est-ce à dire que cette société des nouveaux trois ordres est hiérarchisée ? Comment retrouver l'égalité dans cette société ? La réponse est donnée par Fourier : il n'y a qu'un seul moyen de retrouver l'égalité dans une société hiérarchisée, c'est le passage, ce que Fourier appelait la « papillonne ». La société socialiste ne peut exister sans la « papillonne », sans le passage de métier à métier. Savant un jour, politicien un autre, et marchand le troisième.

In cauda venenum : homo benevolens n'a évidemment pas tué la pulsion de mort en lui.

La connaissance peut-elle museler la violence mieux que ne le fait l'accumulation d'argent ? Je n'ai pas de réponse. Je ne sais pas si homo benevolens est socialiste. Sans doute que non. Mais homo benevolens n'est pas gestionnaire, il a du temps, il repousse la frontière du savoir, il a un pied dans le passé et médite le paradoxe de Socrate : « Tout ce que je sais, c'est que je ne sais rien », tout en voulant savoir encore ; il ne veut pas changer le monde, il veut éternellement le comprendre. Et se comprendre.

Homo benevolens me permet de sortir du capitalisme et d'aller vers la connaissance et la beauté. C'est pas mal.

ÉPILOGUE

Adieu au socialisme

> « Dans ma circonscription se trouve la plus grande bibliothèque d'Europe de l'époque des Lumières, construite par Lessing. Sans le mouvement des Lumières en France et la Révolution, cela aurait été impensable. (...) Toute la question est de savoir si l'on croit au pouvoir de l'éducation, à la force de l'argument, à l'idée que l'homme est capable de s'émanciper, que personne n'est condamné à un destin mais que chacun peut faire quelque chose de sa vie et que la politique a pour mission de créer les conditions propices à une existence réussie. J'ai toujours associé cette idée à la France. »
>
> Sigma Gabriel, président du SPD allemand, *Libération*, 26 mars 2012

Et François Hollande dans tout ça ? Sur les quatre pierres que nous évoquions – le travail (la beauté), l'argent, la morale, la mort –, il n'a pas si mal commencé. Le travail : le travail pénible mérite une retraite anticipée ; l'argent : je n'aime pas les riches et je baisse mon salaire. La mort : je n'élude pas le sujet de l'euthanasie. La beauté ? Il n'a pas encore parlé de « droit à la beauté » comme François Mitterrand, mais il est allé voir homo benevolens et les chercheurs du CNRS dès le début de son mandat. Il a créé une commission présidée par Lionel Jospin pour réfléchir sur la morale en politique.

Dans ses 60 propositions, certaines relèvent des quatre pierres du mur à restaurer : un plan national d'éducation artistique, une loi d'orientation sur le spectacle vivant, la création d'un centre national de la musique ; la ratification de la charte européenne des langues régionales. On ne parle pas de revoir le statut des intermittents du spectacle. On veut préserver le statut des entreprises publiques. La parité homme-femme, le non-cumul des mandats, l'abrogation de la circulaire sur les étudiants étrangers, *good, very good.*

Mais l'essentiel n'est pas là, l'essentiel est l'équilibre budgétaire à l'horizon 2017. L'essentiel des propositions touche à l'efficacité économique.

Rappelons-nous les larmes de Blum, lorsqu'il abandonnait la République espagnole et appelait Rueff, Rist et Baudouin. Les socialistes sont-ils au pouvoir pour le redressement économique du pays ? Pour redonner du souffle, ressusciter le capitalisme ? Oui. Dans ces conditions, pourquoi ne pas laisser la place aux capitalistes et à leurs représentants ? Parce qu'ils feraient plus mal ? C'est une réponse. Cela veut dire que les socialistes sont les sauveurs du capitalisme. Puisqu'on ne peut faire que de l'économie, dans le monde actuel, ou du moins puisque 99 % de l'action politique concerne l'économie, on peut se dire qu'il vaut mieux la faire de façon sociale-démocrate plutôt que libérale – en termes de pure efficacité.

Sauf que c'est faux. Après quatorze ans de Mitterrand, les choses ont empiré, en termes de pollution, de conditions de travail (les Français sont les plus stressés d'Europe), de valorisation de l'argent et des affaires. Après douze ans de mairie socialiste, la circulation à Paris est toujours aussi détestable, la ville toujours aussi bruyante et désagréable.

Loin de moi l'idée de rejeter un monde où les hommes sont soignés, éduqués et protégés, les femmes respectées, les violences conjugales dénoncées, le viol enfin pénalisé, au contraire ; vive le respect des droits, mais il n'est pas dû uniquement aux socialistes et au socialisme, loin de là.

Mais force est de dire adieu à un rêve qui s'est achevé en 1945. Je n'applaudis pas au rééquilibrage du budget. Ni à la réindustrialisation de la France. Les anciens socialistes voulaient sortir de l'économie, les nouveaux y pataugent.

Je sais désormais que l'économie, omni-prégnante, a balayé le rêve socialiste. « Changer la vie » fut un grand, un authentique slogan socialiste. Peut-être est-ce, d'ailleurs, l'unique slogan socialiste. Mesure-t-on la quantité d'espoir qu'il y avait dans cette phrase, et le vol, l'abus de confiance, la tromperie, le dol, l'escroquerie faite au peuple à qui l'on offrit en fait de changement la société de l'argent fou ? Après tout, les promesses n'engagent que ceux qui les croient : on ne change pas sa vie, on la vit, on devient ce que l'on est. Sortir de l'économie impliquerait aujourd'hui le courage d'être réactionnaire, de prendre avec des pincettes l'idée de progrès, d'être stoïque et non cynique, d'aimer Marcuse et non Schumpeter. Soyons réalistes, demandons l'impossible : sortir de « ce monde que nous commençons à mépriser ».

Nous étions socialistes, le sommes-nous encore ?

Sauf à Blum, qui créa les vacances, concept profondément anticapitaliste, nous ne donnerons pas quitus aux gestions socialistes. Ni à celle de Guy Mollet, peut-être à celle de Lionel Jospin, et certainement pas à celle de François Mitterrand qui, avec Jacques Delors et son Europe et

Pierre Bérégovoy et sa finance, a poignardé deux fois l'économie française dans le dos au profit de notre grand rival, l'Allemagne. François Mitterrand qui échangea l'unification de l'Allemagne contre l'euro et le déclin industriel de la France, et au nom duquel restera associée l'idée de morgue et de monarchie. Le seul crédit qu'on lui fera est d'avoir parlé du droit à la beauté. Mais ces questions de mauvaise gestion sont après tout mineures : on reprochera plutôt aux socialistes de mener la guerre civile permanente qu'impose le capitalisme à la société, cette destruction créatrice interminable, cette obsession de nouveau et de progrès empruntés à Saint-Simon puis à Schumpeter. Au socialisme de la sédimentation, du local, du passé respecté, de l'artisanat, des petites structures coopératives qui interdisent la destruction massive, au socialisme humain qui ne s'interdit pas de penser à la nation et d'être *réactionnaire*, ils ont préféré les « grands travaux » de rafistolage du capital : nationaliser pour privatiser, rééquilibrer le budget, organiser la compétitivité. Avec aujourd'hui le « coût du travail comme indice de compétitivité », la boucle gestionnaire est bouclée.

Certes, les petites ménagères – à défaut de grands managers – du capital vont aller bras dessus bras dessous avec lui vers « l'économie verte ». Qui ne voit que l'écologie dans cette économie devient la crème dessert du capitalisme, le merveilleux cadeau sucré dans un monde où la rareté, c'est-à-dire l'économie, fait de plus en plus la loi ? Quelle merveille que l'air, l'eau, l'espace soient négociés et vendus ! La grande mutation vers l'économie verte sera, pour les marchés et le capital, du même ordre que la mutation fondamentale ayant permis la genèse de l'État-providence avec la loi fondamentale de 1898 sur les accidents du travail. C'est, dans l'histoire du capitalisme, un nouveau grand moment que celui où l'État et le marché font un grand bond ensemble. Derrière l'État-providence, il y a toute l'économie de la santé, ce qui n'est pas rien ! Avec l'économie verte, le capitalisme retrouvera un nouveau souffle. Et sera renvoyée aux calendes la question de la pulsion de mort et de la violence intrinsèques à la vie sociale.

Mais tout ça n'est pas le socialisme qui faisait rêver la section SFIO de Muret, Alexandre, Manuel, Roger…

Alors, adieu. Adieu. Laissons les socialistes gérer la guerre au vivant avec les libéraux. La vie est ailleurs.

Table

DU MÊME AUTEUR

AUX ÉDITIONS ALBIN MICHEL

Capitalisme et pulsion de mort, avec Gilles Dostaler, 2009.

Le Journal, roman, 2005.

L'enfant qui voulait être muet, roman, Prix Leclerc des libraires, 2003.

Malheur aux vaincus, avec Philippe Labarde, 2002.

La Bourse ou la vie. La grande manipulation des petits actionnaires, avec Philippe Labarde, 2000.

Ah Dieu ! que la guerre économique est jolie, avec Philippe Labarde, 1998.

Lettre ouverte aux gourous de l'économie qui nous prennent pour des imbéciles, 1999.

Pertinentes questions morales et sexuelles dans le Dakota du Nord, roman, 1995.

Jacques Delors, artiste et martyr, 1993.

Les Sept Péchés capitaux des universitaires, 1991.

Des économistes au-dessus de tout soupçon, 1990.

CHEZ D'AUTRES ÉDITEURS

Marx, ô Marx, pourquoi m'as-tu abandonné, Les Échappés, 2010, Champs-Flammarion, 2012.

Petits Principes de langue de bois économique, Bréal, 2008.

Antimanuel d'économie, 2 tomes, Bréal, 2003 et 2006.

Keynes ou l'économiste citoyen, Presses de Sciences Po, 1999.

Éléments de politique économique : l'expérience française, Privat, 1985.

Composition Nord Compo
Impression CPI Bussière en octobre 2012
à Saint-Amand-Montrond (Cher)
Éditions Albin Michel
22, rue Huyghens, 75014 Paris
www.albin-michel.fr

ISBN : 978-2-226-24020-0
N° d'édition : 17100/01. – N° d'impression : 123608/4.
Dépôt légal : novembre 2012.
Imprimé en France.